花冠の聖母

――初めての聖書、聖人、いのち――

崔　友本枝

「雪のサンタマリア」（表紙）

17世紀の南蛮絵師によるもの。迫害下で祈るキリシタンの心の支えとなった。
現代の調査によると、絵にはたくさんの汗が検出されるという。
日本二十六聖人記念館所蔵。

まえがき

キリスト教を学び始めた皆さまと関心をおもちの方に、この本をお送りします。

第一章は、私たちに注がれている「神のいのち」について考えます。人間の命には神のいのちが注がれています。神の目に、私たち一人一人はどれほど尊いものとして映っているることでしょう。神さまが慈しみをこめて人のいのちを造られたことに驚きをおぼえます。神は私たちの父であり、母でもあるのです。ですから、最も小さな命は無条件に守られなければならないこと、そして、尊いいのちを守るために多くの人が闘っていることを知っていただきたいと思いました。

第二章は、神の愛に応えて生きた聖なる人たちについてです。彼らの人生は魅力に満ちています。その生涯を心踊らせながら知るうちに、私たちの人生は変わっていくでしょう。

第三章では、神でありながら人となり、私たちの兄弟となられたイエス・キリストさまのことです。その方が命をささげてくださった十字架の出来事、復活、さらにイエスさまの代わりに私たちに送られた方、「聖霊」について書きました。

イエスさまをよく理解するためには母であるマリアさまをよく知ることが重要です。この本全体には聖母についての記述が多くあります。マリアさまは、私たちに最も尊い贈り物、イエス・キリストさまをくださった方です。聖母は謙遜な方ですが、恵みに満ちあふれた方、神の最もおそばにおられる偉大な方です。この方を愛し、親しく感じさせていただくことは神の贈り物です。

私はこの本を書くことで崇敬を込めてマリアさまに花冠を編みました。みなさんもご一緒に花の冠を編みませんか。祈ること、神さまに喜ばれる日々を送ること、神さまの愛を伝えることでマリアさまに冠を編むことができます。

宗教用語には注をつけ、項目ごとに説明をほどこしました。楽しみながら何度でも読める本になれることを願っています。神を愛する小さなきっかけとなれたら幸いです。

崔　友本枝

二〇一九年三月二十五日

〈目　次〉

第二章　イエスを愛した人たち

第三章　神の愛の贈り物

付録

第一章　私に注がれた神さまのいのち

はじめに

人のいのちは、神によって造られました。ですから、人には「神聖な価値」があります。生物として優れているだけでなく、人には神のいのちが注がれ、永遠のいのちに向かって完成するように造られているからです。

「わたしが来たのは、羊がいのちを受けるため、しかも豊かに受けるためである。わたしはよい羊飼いである。よい羊飼いは羊のために命を捨てる」（ヨハネ10章）とあるように、イエスは、神から切り離されていた人類のために十字架にかかりました。私たちを愛し、ご自分の命と引き替えに、私たちに神の子としての資格を取りもどしてくださったのです。聖人たちはこのことを深く理解しました。彼らは、尊いイエスの愛と犠牲によって取りもどしていただいた「神の命」を大切にし、イエスのように、どんな犠牲を払っても、他の人にこの愛を伝えたのです。

神さまは、私たち一人一人のすべてを知っておられ、「髪の毛までも一本残らず数えている」（ルカ12章）といわれます。神さまほど私たちを心にかけ、生涯を守ってくださる方はいらっしゃいません。神さまは私たちのお父さんです。

私たちは互いに大切にしあわなければならない「尊い存在」です。それは、どの人もみな「神に愛され、神が望んで存在しているから」です。気が合わない人がいるのは当然ですが、好き嫌いの感情とは区別して、人を大切にしなくてはいけないのです。

旧約聖書の「知恵の書」にはこのように記されています。

「あなたは存在するものすべてを愛し、お造りになったものを何一つ嫌われない。憎んでおられるのなら、造られなかったはずだ。命を愛される主よ、すべてはあなたのもの。あなたはすべてをいとおしまれる。」（知恵の書11章24節、26節）と。私たちが存在していることは、神に無条件に愛されているからです。わたしが存在していることは、そのまま、神に愛されている印だと言っていいのです。

「神さまは私を愛している」とわかると人間の素晴らしさが見えてきます。命への暴力、無関心、無感覚はすべて消えて無くなります。神の愛を知る人にとって「命への畏敬の念」は、ごく自然なことです。

この時間は、聖書を中心にして神さまが私たちにくださった命について考え、これからの生き方を考える手がかりとしていきましょう。

一、胎児であった私を見ていた方

あなたは、わたしの内臓を造り／母の胎内にわたしを組み立ててくださった。／あなたにはわたしの骨も隠されていない。／胎児であったわたしをあなたは見ておられた。（詩編139）

赤ちゃんがお腹に宿った瞬間、その人はただ一度きりの人生を歩み始めます。父親とも母親とも違う「新しい独特な命の始まり」です。私たちひとりひとりは本当に違います。兄弟でも、両親の性質をどのくらい受け継ぐかが違うので個性があります。そして、二度と同じ人が存在することはありません。

人間の命の始まりは卵子が受精した瞬間ですが、その人がどんな人になるか、（髪の色など身体的な特徴）そのプログラムが組み込まれるのはまさにこの時です（＊注1）。

最初に受精卵が二つに分裂するとお腹と背中の位置が決まります。この段階の細胞は、皮膚でも、爪でも何にでもなる可能性をもっています。それなのに特定の器官になっていくのは細胞の中に、一人の人が出来あがるための設計図（遺伝子情報）があるからです。分子生物学者によると、人の細胞の一個の核には三十億の化学の文字が書かれているそうです。各細胞は遺伝子情報に従って、ある細胞は骨に、あるものは内臓に、神経に……と主体的に、自律的に分裂していきます。本当に不思議なことです。

人間は遺伝子情報を読み解けたばかりですが、いったい誰によって、どうやって書かれたのかはわかっていません。分子生物学者の村上和雄氏は人の知性を越えた存在を認めざるを得ないと述べています。まだこの世に存在していない人を明確にイメージし、造ることの出来る人間はいないからです。聖書の表現を借りるならそれは「胎児であったわたしを見ておられた方」だと言えるでしょう。

彫刻家が作品のイメージを描き、それに沿って造るように神さまは生まれてくる赤ちゃんを思い、愛し、プログラムを書きこんだのです。すべての赤ちゃんが神さまの目には尊く大切な子どもです。人はみなこの愛情深いまなざしに包まれて育っていくのです。

私の存在を喜び、命の初めから見つめておられる方がいる。それはなんと驚くべきことでしょう。

（＊注1）秋葉悦子著『「人」の始まりをめぐる真理の考察』（毎日アースデイ発行）九〇～九一頁

二、小さな命の権利

「わたしの名のためにこの子どもを受け入れる者は、わたしを受け入れるのである」

（ルカ9章48節）

世界中で貧しい人、苦しむ人たちを愛したマザー・テレサは、日本の若者にこう語りかけました。「若い男女が愛し合うのは美しいことです。でも愛を損なったりこわしたりしないで。神さまがあなたたち二人を結びつけるまで愛を清らかに保ってください。そうすれば結婚の日に、お互いに本当に美しいものを与えあうことができるのです。でも、たとえまちがいが起きたとしても、子どもの命を奪わないでください。助け合ってその子、胎児を受け入れるようになさってください。周りの人に助けていただくように」と。

恋人同士が、結婚するまでは触れ合わない。それは相手を自由にし、大切にすることです。結婚するつもりでいても、自分には合わない相手だとわかることがあります。その時は、去っていく自由があるのです。また、深く理解しあおうと何時間でも話せるこの時は貴重な期間です。恋人時代は夢をもって語り合い、生涯のパートナーとなる人なのかを見極めていく。そして、結婚後は夫婦として新たな形で愛を深めあうと神が与えてくれた相手への感謝が生まれるでしょう。

性はいのちに直結しているので一時的な交際には合わない重いものです。急いで未婚で妊娠すると、女性は突然、将来の計画を中断しなくてはならず、一人で苦しむことになります。日に日に大きくなるお腹を抱え、差し迫った決断を迫られます。早く結論を出そうとわが子の命を亡きものにする危険も生じます。結婚していれば二人で新しい命を喜べます。

マザーはこう言っています。「お母さま方は、もしも娘さんが結婚前に妊娠してしまっても、どうか責めたり、中絶するように追いつめたりしないでください。温かく受け入れてください」。

一九八一年、マザーは東京に「神の愛の宣教者会」を創立し、未婚のお母さんをサポートするようシスターたちを送りました。日本に緊急に必要なことだとわかったからでした。

胎児には神さまの命が注がれています。神さまはその子をわが子として見つめ、愛し、特別なご計画をお持ちです。小さな命は幸せに生きる権利があるのです。私たちには誰と結婚するか、しないかという選択の自由がありますが、妊娠した後で命を否定する権利はありません。それは殺人になります。

三、神の国の住人

「子供たちをわたしのところに来させなさい。妨げてはならない。神の国はこのような者たちのものである」
（マルコ10章14節）

子どもの心はいつも喜びでいっぱいです。生きているもの、動くものには何にでも興味を示し、小さな指で虫や草花をつまんだり、小鳥たちの声に体をゆすったりして大喜びします。お母さんの声が聞こえると笑い、飛び跳ね、喜びを隠せません。まるで「幸せのかたまり」のようです。神さまは子どもをそのようにお造りになりました。子どもの心には何があるのでしょう。そこには神の国の宝があります。子どもは、神さまが私たちに与えたいと思う宝、愛、喜び、平和を両手にどっさりもって生まれてきます。子どもは神の国

（神の愛が満ちた場所）の住人なのです。必ず母親に喜びを運んできます。

福音書にはイエスが子どもを祝福する場面のすぐ後に、正反対の人物としてお金持ちの青年が（マルコ10章17～22）登場します。彼は、イエスが提案した、神の国ために働く素晴らしさがわからなかったようです。それよりも、金属や紙でできた地上の宝を守る方が大切に思えました。青年はイエスと話した後、悲しそうに立ち去っていきました。神の国の宝をもつ者は喜び、地上の宝を第一にする人は悲しんでいます。

地上の宝とはお金だけではなく、私たちの「理想」も入ります。たとえば母親が、病気や障がいのない子、あるいは知能の高い子を理想の子供だと考え、その思いに縛られるとそうでない子は排除したくなります。でも、神さまがくださった子がどんなに可愛らしく素晴らしいかは、自分で育て、つきあってみなくてはわかりません。

二〇一三年四月、日本でも、新型出生前診断（血液検査）を実施する病院が出てきました。ダウン症などの三種類の染色体異常の「可能性」を調べるものです。この検査で陽性と出ても精度を高めるため、流産の危険を伴う羊水検査の必要があります。しかし、血液検査で陽性の可能性があると告げられた八割以上の母親が中絶をしたそうです。その多くは苦しんでいると報道されています。

書道家、金澤翔子さんのお母様はこう書かれています。「私は、ダウン症の娘、翔子を出産して今年で三十年になります。当時は涙と悲嘆に暮れていましたが、今、娘と私は大変幸せになりました。（中略）翔子の書には多くの方が涙を流して感動してくださいます。これは不思議な事です。（中略）翔子のＩＱは低いですが、違う個性が育ち、素晴らしい感性が育まれました。」（「生命尊重ニュース」二〇一五年四月号）。

翔子さんは、競争や比較、権利意識、お金や地位や名誉を得たいという思いから解き放たれています。その言動のすべてが他者への愛情から生まれているのです。たとえば、夕暮れの道で黒い服を着たお母さまの背後から翔子さんが自転車を引いてきたことがあります。寒いので「先に早く家に帰りなさい」と言ってもついてきます。叱られると「お母様を（自転車のライトで）照らしているのよ」と蚊の鳴くような声でつぶやきました。それは「夜道を歩くときは、暗い色を着てはダメよ」と翔子さんによく注意していたことをおぼえていたからでした。また、翔子さんが小学校の低学年の時、学校に行けなくなった年上の子が彼女の部屋によく遊びに来ました。翔子さんが丁寧に入れた紅茶を飲みながら親しく話しているうちに元気になって数年後には学校に行けるようになることがよくありました。翔子さんの素晴らしさは多くの本に書かれています。（本書の参考文献を参照）

四、すべてを愛される主

命を愛される主よ、すべてはあなたのもの、あなたはすべてをいとおしまれる。
（知恵の書11章26節）

「いのち」は目に見えません。そのため、私たちは命の本当の美しさと素晴らしさを知ることがむずかしいのです。偉大な人の生涯をみると、私たちはその業績に感嘆します。夏目漱石にしか書けない短編、マリー・ローランサンにしか表せない絵の世界に驚き「いや、あんな人はいません。もう、二度と現れないでしょう」と言います。しかし、それは特別な人でなくても同じなのです。むしろ、ひとりひとりが「特別だ」と言えます。

人の命の尊さは、神に似せて造られた点にあります。そして、もうひとつはその人だけに与えられた個々の素晴らしさにあります。人はみな独自の人生を歩みます。真摯に生きるとき、その人だけの美しさを見せているのです。

その人だけに与えられた輝きがあり、用意された場所がある。それは他の人は代わることができないということです。もしも、ある人が歩むはずだった人生を他者が奪ったなら、その人がいて、輝くはずだった場は永遠に埋まることはありません。たとえばある人は、笑顔で人を励ます看護師になるかもしれません。その人がいるおかげで、重症患者が生きる希望をもてます。ある人は司祭になるかもしれません。彼は、たくさんの人に神さまの慈しみを伝えることができます。また、別な人は、水野源三さんのように動くことも言葉を発することも出来ませんが、人を絶望から立ち上がらせる力強い詩を書くかもしれません。それは一人一人に自由に賜物を与える神のなさることです。人は皆、誰かに与えるプレゼントを持って生まれてきます。それを受け取る人がいて、喜びや希望がさらに広がります。一つの人生は他の人生とつながっています。モザイク画の一片のように、無数の一片と組み合わされ、やがては全人類が神の美しさ、善良さ、清さを巨大な作品として表すことになるのでしょう。

ときどきこのような意見を聞きます。望んでいないときに子どもが出来たらわが子を虐待するかもしれない。そうなるくらいなら中絶する方がその子にとって幸せなのではないか、と。それは大変な間違いです。もし自分はまだ子どもを望むほどに成熟していないと思うなら、時期が来るまで性交渉を待つことです。お腹の子は神の愛を受けた「特定の人」です。その人生はもう始まっています。生まれない方が幸せだ、と神に代わって言える人はいないのです。

五、永遠のいのち

神は人間を不滅な者として創造し、ご自分の本性の似姿として造られた。

（知恵の書2章23節）


人のいのちの素晴らしさを私たちは十分にわかりきることはないでしょう。たとえ、自分のいのちであってもそうです。

私たちが「神に似せて造られていること」は神秘です。

私たちが神に似ているのは「永遠に生きる」という点です。

私は二十代で父を亡くした時「死」という厳粛な峠を越えると、隣の部屋に「永遠のいのち」があると感じました。不思議な解放感がありました。父は生きている、と思えたからです。

聖書には「神は人間を不滅な者として創造した」とあります。神が永遠に存在するように、ご自分に似せて造った人間も、七十年や百年で終わるのではなく永遠のいのちをもつ。その素晴らしさ、すごさ、美しさは、祈りや経験によって少しずつ心にしみていく領域だと思います。

「なぜ人を殺してはいけないの?」という質問には、こう答えられます。「その人を愛している神さまが生きることを望んでいるから。成長し、与えた可能性が十分に開花することを期待しているから」。人を殺すことは、神の思いの込もった素晴らしい作品を壊すことです。

「この人に会ってやっと幸福になりました。こんな人生が私に用意されていたなんて思いもよりませんでした」、「自分がこれほどの試練を乗り越えて新しい生き方ができるとは想像できませんでした」といった言葉を聞くことがあります。これは何を伝えているのでしょうか。私たちのいのちは自分のものではないと言っているのではないでしょうか。

いのちが自分のものならば、人生に起きることも、その意味も完全に把握できるはずです。たとえば、自分の「物」は把握できます。車なら新車か中古か、性能や、あと何年もつかなどがわかっています。ところが、いのちや人生については、私がなぜ生まれてきたのか、どのように生きると自分も周りも幸せになれるのか、といった本質的なこともすぐにはつかめません。実際に生きていくことで次々と扉が開くようにわかっていくのです。人生は予期せぬことの連続です。いのちは私の所有物ではなく神のものだからです。人生は神さまからのプレゼント。一生の間にどんな素晴らしいことが起きるのか、誰にもわからないのです。

六、いのちを守る人々

わたしは今日……生と死、祝福と呪いをあなたの前に置く。あなたは命を選び、……主につき従いなさい。
(申命記30章19～20節)

神が造られた幼い命を守るため、多くの人が闘ってきました。その一人が四十年前に話題になった宮城県の菊田昇医師(一九二六年～一九九一年)です。

当時、人工妊娠中絶は妊娠八ヶ月まで可能だったそうです。かつては彼も他の医師と同様に中絶を行っていました。

妊娠七ヶ月で無残な死を余儀なくされた赤ちゃんは、すでに美しく完成した「子ども」でした。髪もあり、伏せた目にはまつげも生えそろっていました。周囲の事情で殺された子供を見つめるたびに、菊田医師は苦しみました。事情を抱えた女性たちは子供を生んだことが戸籍に残らないならば生みたい、と切実に願っていました。

一九七三年四月、毎日新聞の取材を受けた菊田医師は、十年以上前から子どもを育てたいと望む夫婦を探し、女性に中絶を思いとどまらせてきたことを話しました。その際、「養子」ではなく「実子」と偽の出生証明書を書いたのです。これ以外に戸籍に出産の事実を残さないですむ方法がなかったからでした。そうすることで百人以上の子どもの命が救われました。この子らは全員、七ケ月に入っていました。菊田医師の行動がなければ、百人の子はみな生きて生まれることはできませんでした。

事件はマスコミに大きく取り上げられ、彼は略式起訴されて六ケ月間の医業停止処分を受けました。医者仲間からも批判されました。しかし、追いつめられ挫けそうになった時、菊田医師はマザー・テレサに会うことができたのです。マザーは、「最も小さい者の一人にしたのは、わたしにしてくれたことなのである」という聖書の言葉から「胎児（最も小さい者）を救うことは神がお喜びになる」と力づけました。その後、事件は世論に大きな影響を与え、一九八七年に法改正が一部行われました。「特別養子縁組制度」が制定されたのです。これは、望む人は養子を「実子」として記載し、実の親との関係を消滅できる法律です。

中絶を考える母親は今も後を絶ちませんが、小さないのちを守ろうと必死に努力する人々は大勢います。

二〇〇七年、熊本の慈恵病院では「こうのとりのゆりかご」が設置され、二十四時間体制で、赤ちゃんを待機しています。

七、養子縁組で幸せになった子どもたち

わたしが来たのは羊が命を受けるため、しかも豊かに受けるためである。

（ヨハネ10章10節）

日本では養子縁組に抵抗のある方もいますが、幸せになる子どもはとても多いのです。有名な方では、諏訪中央病院の名誉院長、鎌田實先生がいます。先生は、三十代後半でパスポート取得の手続きをする時にご自分が養子であることを知りました。初めは驚きましたが、一歳だった自分を受け入れ、大切にしてくれた養父母への感謝の念に打たれたそうです。養母は心臓が悪く、入退院をくりかえす生活でしたが穏やかな人でした。養父は「弱い人を大切に」と言うのが口癖でした。その言葉を守り、先生は、チェルノブイリ原

発事故後、汚染地域に生きる子どもに二十年にわたって支援を続けています。先生は、貧しくても幸福だったと述べられています。

また、「養子には出自を知る権利があるとよく言われますが、私はとても幸せで、一度も実母に会いたいと思ったことがありません。育ててくれた人が両親だと思っています」と集会で発言した大学生に会ったことが私自身あります。一人一人の感じ方は違うと思いますが、生きる喜びを味わうという点では養子も実子と同じでしょう。

さて、二〇〇七年五月、熊本の慈恵病院に「こうのとりのゆりかご（通称「赤ちゃんポスト」）」が設置されました。中絶や親の虐待で命を落とす子どもたちに、どの子も幸せに生きられるように道を開くのが目的です。「ゆりかご」の内側は適度な温度に保たれたベッドになっており、赤ちゃんが置かれるとアラームが鳴って人が駆けつけます。十一年間で（二〇一八年まで）預けられた赤ちゃんは、一三〇人です。「ゆりかご」の扉には、「インターホンを鳴らして相談してください」と書かれています。預ける前に病院に相談すると、赤ちゃんのその後の人生に大きな違いが生じるからです。アドバイスを受けた母親が子どもを手放さずにすむ方法を見つけ、自分で育てる決心をした例もあります。相談できなくても命は助かりますが、日本では赤ちゃんの健康状態を調べた後は警察、市、児童相談所に連絡する決まりになっています。赤ちゃんはまず乳児院で育てられ、三歳になると児童養護施設に移動されます。この時、母親のように思ってなついていた職員との身を切られるような別れをしなければなりません。

「ゆりかご」の設置を始めた蓮田太二院長は「命を救うだけでなく、赤ちゃんが幸せになることが大切」だと考えています。実の親でなくても、子どもは「家庭」で育つことが大切です。同病院では、実母が育てられない赤ちゃんを新しい家庭へすぐに託すことのできる「赤ちゃん縁組」も「ゆりかご」と同時に始めました。妊娠中から十分にカウンセリングをし、出産と同時に養父母に委ねるのです。これまでに二百組以上の新しい家族が生まれました。病院には、養子を迎えて親子ともども幸せになったという報告がたくさん寄せられています。慈恵病院では、助産師が二十四時間三六五日、妊娠中の女性たちの電話相談（電話〇一二〇・七八三・四四九）を受けつけて幼い命を守っています。

八、いのちを与え合う

イエスはパンを取り、賛美の祈りを唱えて、それを裂き、弟子たちに与えて言われた。
「取りなさい。これはわたしの体である」（マルコ14章22節）

私たちは多くの命に支えられています。魚や牛、ブタ、鶏、貝や野菜は死んで、毎日私たちに命を与え続けてくれています。私たちはその命を受け、他の人を支えることができます。そうすることに大きな喜びを感じます。命は使われて誰かの役に立つことを喜ぶように造られているのだと思います。

母親は、赤ちゃんの笑顔や声、体から発するミルクの匂い、しっとりと腕になじむ柔らかな感触を楽しみ、日に日に成長する子どもの存在に無上の喜びを感じるでしょう。育児のために睡眠が削られても子どもが大きくなることが嬉しいのです。母乳は血液でできているそうですから、授乳は、母親が赤ちゃんに直接命を注ぐことです。

小学生くらいになると、友達に親切にしてあげて嬉しくなったり、プレゼントの準備をする方が、もらうより嬉しいと気づいたりします。さらに成熟すると、神から与えられた賜物（音楽の才能、奉仕の力、優れた体力など）を人のために使うと、大きな幸福を感じるとわかっていくでしょう。賜は他の人に与えるために神が預けたものです。自分を与えて誰かの益になることを喜べる人は幸いです。

さて、結婚において夫婦は人生を与えあいます。夫は労苦に満ちた仕事を果たし、妻も身を削るようにして自分を与えます。ある妻は病気で寝たきりですが、夫に優しい言葉をかけて感謝を表わし、彼は仕事の他に妻の世話もする。そういう夫婦もいます。

新しいいのちを生み出す性について考えると、純潔（貞潔）の意味は、そこにあるのではないかと思います。私たちが人生を与えあうのは「特定の存在」に対してです。人生をかけている相手に自分を与え、その表現が身体にも及ぶのです。性は夫婦に与えられた絆です。まだその人と一緒に生きると決めていないのに関係をもつことは自分を偽ることにならないでしょうか。その人との間に新たな命が生じると、結果が重すぎと感じるのは当然です。

修道生活を送る人たちや司祭は神を優先的に愛します。愛する相手（神さま）に自己を全面的に与えているのです。私たちには彼らの愛の対象が見えないので独身に見えるのですが、実は結婚によく似ています。

最高の愛を示した方は誰でしょうか。それは神であるイエス・キリストさまです。彼は最後の晩餐で、私たちにご自分の命と愛のすべてを与えるとおっしゃいました。事実、十字架の死と引き替えに私たちに永遠のいのちを与えてくださったのです。その上、この地上で生きる間はミサにおいて、パンとぶどう酒の形でイエスの御体と御血を差し出してくださいます。

私たちには動物や魚の命だけでなく、はるかに勝った神のいのちが犠牲となって与えられています。これほどまでに神に愛されている「私」を軽々しく扱ってはいけないのです。

九、いのちへの脅威

わたしの目にあなたは価高く尊く、わたしはあなたを愛す。（イザヤ書43章1、4節）

神さまは私たちを愛し、幸せになる道を示してくださいます。その道を歩む人を阻む事が起きても神に信頼する人は、いつも守られます。

あるご高齢の婦人が私にこんな話をしてくれました。五十年前の出来事です。

三人目を身ごもったことを告げるとご主人は「世間体が悪い、中絶しろ」と言いました。彼女は「はい」と答えましたが病院には決して行きませんでした。夫は毎日妻をせかしましたが彼女は子供を生みました。四人目も、五人目も同じでした。「はい」と言うのに病院に行かないので「出て行け！」とある日怒鳴られました。しかし、やはり「はい」

と言って出て行かずに五人目の子も生んだのです。「辛かったですよ、でも、必ず神さまが助けてくださると信じてひたすら祈りました」。晩年、夫は「君が祈ってくれたから仕事も家庭も、何もかもうまくいったよ」と彼女をほめたそうです。

いのちは神が造られた尊いものです。しかし、私たちの社会にはいのちの脅威となる様々な風潮があります。この男性のような価値観や「純潔なんてばかばかしい。ピル（経口避妊薬）を飲めばすむことじゃないの」という考えもそうです。いのちへの脅威についてすべてに触れることはできませんが、ピルがどのような薬なのかを知ることはとても大切でしょう。

一九九九年、アメリカではすでに五百万人以上が服用をやめた頃、ピルは日本で解禁されました。医者が処方するので安全に思えますが、ピルは健康な女性の体をむしばむ薬です。

ピルは二種類の強烈な合成女性ホルモンでできており、体をいつもニセの妊娠状態に保ちます。脳は妊娠していると錯覚し、排卵が起きないので妊娠しないのです。しかし、ピル服用者も時に妊娠することがあります。その場合、胎児が過剰な女性ホルモンを浴びるので、いろいろな機能障害を引き起こすことがわかってきました。女の子の場合、卵子になる細胞（卵母細胞）の一生分がすでに胎児の時に作られるので、子どもの次世代（服用者の孫）にまで影響を及ぼします。通常、妊娠すると出産時の出血に備えて血液は固まりやすくなります。ピルによるニセの妊娠も、血液が凝固しやすくなるので血栓症を引き起こすのです。中高生のピル服用者が血栓症で死亡して、イギリスでは訴訟問題になっています。副作用は他に、慢性的な憂うつ感、肥満、癌の可能性が高まることなどがあります。受精卵を子宮に着床させないようにする早期中絶作用もあります。ピルは、服用者にも、新しい命にも脅威となる薬です。

神さまは、心を込めて私たち一人一人を造られました。その愛に応えて態度を決めることが幸福への道です。

十、小さないのちを支えた夫婦

「疲れた者、重荷を負う者は、だれでもわたしのもとに来なさい。休ませてあげよう」

（マタイ11章28節）

周囲から中絶を勧められる時、私たちは、どうやって赤ちゃんの命を守ることができるでしょう。

日本のようにすぐに堕胎できる国では、中絶は簡単なことのように思えます。未婚の場合、両親が勧めることも多いでしょう。混乱し、どうしたらよいかわからなくなっているときに、急がされ、強い声に屈伏するように中絶してしまったという話をよく耳にします。しかし、その後、何事もなかったように暮らすことはできません。一生涯心の傷になってしまうケースもまれではありません。

中絶のプレッシャーをはねのけるには当事者だけでは難しいものです。周囲の人は苦しむ二人のために祈り、また、「これしかない」と思い込んでしまわないように、さまざまな選択の道があることを伝えることが大切です。私たちは、どうすれば授かった命を生かすことができるかを一緒に考える人になれるのです。そのような人がそばにいたかどうか。それは、二人の選択の大きなカギになるでしょう。

若い二人の場合、中絶とはどういうことなのかをできるだけ冷静に考えられるように、状況や時を見計らって一緒に考えることも大切です。お腹の赤ちゃんは私たちと同じ人間です。心臓が動き、神経も発達し、私たちと同じように傷つければ肉体に痛みを感じます。赤ちゃんは自分では危険から身を守れない場所にいます。器具を母親の体に入れると、胎児は身をよじって逃げようとすると報告されています。

小さないのちを支えたご夫婦の話があります。

二十数年前のことでした。長女が教会で一緒に活動していた男性（当時、大学生）がチャペルで泣いているところに出くわしました。「どうしたの？」と聞くと、「付きあっている女性のことで」と言いました。娘はとっさに「子どもができたの？」と聞くと彼はうなづきました。「私の両親に相談してみるといいわ」。数日後、若い二人は私たちのもとに来ました。男性は、由緒のある家の出で、家族がこの女性との結婚に反対することが予想されました。

私たち夫婦は「お生みなさい。必ず道は開けるから」と強く励ましました。二人はそれぞれの親を説得するために郷里に帰りました。

初めに男性の家に行くと「話にならない」と門前払いでした。次に女性の両親に会いに行くと「せっかく結婚を考えてくださっているのだから、今は中絶して、それから結婚したらいい」という結論でした。二人は子どもを生みたいと思っていたので、ショックを受け、どうすればいいのかわからなくなってしまいました。家族に気付かれないように、そっと私たちに電話をしてきました。「どうすればいいでしょう」。私たちは、「とにかくその場を離れなさい。東京にもどっていらっしゃい」と祈る気持ちでこたえました。ぐずぐずしていたら追いこまれるからです。二人は親御さんが席を立ったすきにサンダルのまま、走って駅へ向かいました。まっすぐに東京行きの電車に乗ろうとすれば、親御さんに連れ戻される。男性はそれを予想して、いったん反対方向へ向かってから東京に戻ることにしました。粉雪が舞っていたそうです。翌朝、電車が発車するまで二人は電話ボックスに入って寒さをしのぎました。ボックスの足元から冷たい風が入ってきます。そこに電話帳をつめていると、急に喜びがこみ上げてきて二人は笑い出しました。嬉しくて、嬉しくて笑いが止まらなかったそうです。東京に帰り、結婚して無事に赤ちゃんが生まれました。男の子でした。次も男の子が生まれ、今では二人とも大学生です。幸せな家族が誕生したのです。その後、双方の家族とも和解できました。

一時は私たち夫婦も、子どもが生まれても二人で育てられるのだろうか、親御さんが我が家に怒鳴り込んでくるのではないか、といった不安も抱きました。でも、そうなったら私たちは、子どもを引き取って育てようと考えました。しかしそれはみんな取り越し苦労に終わったのです。

私たちは、こんな風にあたたかな雰囲気で話し合える相手になれるのです。さらに、出産費用などの援助をすばやく行う専門機関（ＮＰＯ法人円ブリオ基金センターなど）を紹介する助けもできるでしょう。

第二章　イエスを愛した人たち

第一話　聖マザーテレサの生涯（神さまの招き）

インドで貧しい人たちのために生涯を賭けたマザーテレサ（一九一〇年〜一九九七年）のことは、皆さんもご存じでしょう。

本名は、アグネス・ゴンジャ・ボヤジュといって、今のマケドニア（旧ユーゴスラビア）に生まれました。三人兄弟の末っ子で、両親にとても愛されて育ちました。両親は熱心なカトリック信者で、毎日曜日、家族みんなでミサにあずかりました。

幼い頃、アグネスは教会の入り口にいる貧しい人を見て「お父さん、貧しさを治す薬はないの？」と聞きました。父親は「お前がそれを発明してくれると、うれしいね」と言いましたが、その言葉は意味深く、まるで預言のようになったのです。

アグネスは十二歳の時、復活祭のお祝いに、アシジの聖フランシスコ（＊注1）の伝記を母からプレゼントされました。夢中になって読んでいると心が不思議な温かさに満たされました。「自分の幸せのための一生ではなく、特別に神さまに人生をかけた一生もあるんだ」と知ったのです。それまでは、結婚し、幸せな母親になることだけを想像していたのです。

十八歳の時にロレッタ修道会に入会し、故郷を離れることになりました。一大決心ですが、よく考え、お祈りして決めました。三年後、二十一歳で初めての誓願（貞潔、清貧、従順）（＊注2）を立て、修道女になりました。修道名はテレサです。やがて、修道会が経営するカルカッタの聖マリア高等学校で地理の教師もすることになりました。三十代で校長にもなりました。聖マリア高等学校はお金持ちの子女が通う学校です。インドは貧富の差が激しいので、シスターテレサは、貧しい人のことを思うと時には考え込んでしまいました。しかし、神さまはテレサをこの学校に招いてくださったのです。彼女は修道女として、また、みんなに愛されるユーモアのある教師として忠実に神の道を歩んでいました。

一九四六年の秋、三十六歳の時のことです。「黙想」（＊注3）のため、ダージリン行きの汽車に一人で乗っていたテレサは、イエスの声を明瞭に聞きました。あまりにもはっきりと聞こえたので疑うことはできなかった、と後に述べています。このような言葉でした。

「あなたはすべてを捧げてスラム街に出なさい。そこで、貧しい人の中の一番貧しい人に仕えなさい。わたし（イエス・キリスト）の手足となって」
その後の二年間、テレサはよく祈り、自分の道を模索しました。そしてついに三十八歳の時、教皇ピオ十二世の許可を得てロレット修道会を退会したのです。神さまの新たな招きに応えるためです。

テレサは貧しい人が着る白い木綿のサリーに三本の青い線を縫いつけて身にまといました。最初にしたことは、パトナのアメリカン医療センターでの集中的な看護の訓練です。貧しい病人やけが人に適切な処置を施すためです。

看護師の資格をとったテレサは、知っている人が誰もいないスラムに一人で入りました。ただ神だけに頼ったのです。しかしそんなテレサも、孤独な日々の中で、時には、自分は間違ってはいないのだろうか、と思うこともありました。

一九四八年十二月。テレサはスラム街で初めての学校を開設しました。もちろん建物はありません。青空の下で授業を始めたのです。それでも学校に行ったことのない子供たちは大喜びでした。

ちょうど同じ年にマハトマ・ガンジーが暗殺されています。テレサが汽車の中で、神のみ声を聞いた翌年（一九四七年）にインドは植民地にされていたイギリスから独立しました。ところが、ヒンディ教徒の多い国はインド、イスラム教徒はパキスタンと国が二つに分裂してしまったのです。難民があふれてカルカッタは街全体がスラムのようになってしまいました。「二つのインド」を提唱し、断食し、祈ってきたガンジーは反対派に暗殺されてしまいました。

インドはこのような情勢でしたが、テレサにとって喜ばしい出来事が起こりました。かつて聖マリア高等学校で教えた卒業生の一人がスラムで共に働きたい、と訪ねて来たのです。ボランティアではありません。テレサと同じ生き方をしたいと申し出たのです。彼女はインドでも有名な資産家の子女でした。この人は後のシスターアグネスです。最初の十人のシスターは、みなロレッタ修道会時代の教え子たちです。彼女たちは貧しさとはかけ離れた家庭で育ったのですが、みなこの生活に大きな喜びを感じていました。グループはやがて「神の愛の宣教者会」という名の修道会へと発展します。

一九五二年にテレサは「死を待つ人の家（原語は、清い心の人の家」を開設。路上で生まれ育ち、一度も家庭の楽しさを味わったことのない人たちが、人間らしい死を迎えられるようにと用意された場所です。シスターたちの温かい心遣いを受けながら死を迎えた人たちはみな「ありがとう」と言って亡くなります。それまでの苦しい日々を恨むこともなく。そして、各自が希望する宗教の儀式で葬られます。

「死を待つ人の家」については、一般の人からの批判もありました。元気になる見込みのある人に医薬品を使うべきだというのです。しかしマザーは、貧しい人、見捨てられた人の中にイエス・キリストがおられる（注4）と信じていたので、ひとりひとりを大切にしていただけでした。

一九五四年に「シシュ・ババン」（孤児の家）を開設。孤児たちはシスターの愛情をたっぷりと受け、食事と教育を与えられます。しかし、それだけでは十分ではありません。子供たちには「家庭」が必要です。マザーは、子供を望む夫婦に孤児たちを託す「国際養子縁組」をつくりました。様々な国から申し出がありましたが夫婦には一定の準備期間を経たのとに子供と会わせます。どの子も温かく迎えられ幸せに成長しています。子供を育てる喜びを得た家族も幸せになりました。マザーは、血縁が一番重要だとは考えませんでした。「家庭で育つこと」こそ重要だと考えたのです。

（注）　第一話　聖マザーテレサの生涯（神さまの招き）

（＊注1）アシジの聖フランシスコは十三世紀イタリアの聖人。富裕な商人の息子だったが回心し、「第二のキリスト」と呼ばれる。（本書第十三話、第十四話）

（＊注2）誓願とは、修道生活をするとき神への誓い。一般的には、清貧、貞潔、従順の三誓願。「清貧」は、神を宝として他に何も求めないこと。心の自由を得るために貧しさを選ぶ。「貞潔（純潔と同じ）」は、愛の対象として優先的に神を選ぶため、家庭をもつことを放棄する。「従順」は、修道会の長上に従うことによって神に従うこと。マザーが創立した「神の愛の宣教者会」は、「貧しい人の中の最も貧しい人に仕える」という４つ目の誓願をたてる。

（＊注3）黙想とは、一定期間日常の仕事を離れて沈黙で祈り、神との対話に専念する時。通常、司祭や修道女は年に約8日間このような日をとり、神との親しい交わりを深める。

第二話　聖マザーテレサ（貧しい人はすばらしい）

マザーテレサの働きは、ますます広がりました。「神の愛の宣教者会」の修道女になる人も増えていきました。マザーは、「私は一人を助け、出来たらもう一人を助けます」と言っていました。それは、人の「数」ではなく、かけがえのない「あなた」という目の前の人を大切に考えていたからなのです。

マザーが最も大切にしていたのは、「わたしの兄弟であるこの最も小さい者の一人にしたのは、わたしにしてくれたことなのである」（＊注1）という聖書の言葉です。

ここで、〝最も小さい人〟「飢えている人」、「のどが渇いている人」、「旅をしている時に宿がない人」、「裸の人」、「病気の人」、「牢にいる人」だと言われています。イエスは、このような人を助けることは、ご自分にしてくれたことだとおっしゃったのです。マザーはこのことをいつも心に留めていました。路上で生活する人や空腹に苦しむ人を見るとイエス様にお会いしている、と考えて大切にしたのです。マザーの働きは福祉活動とはちがいます。キリストを見つめ、キリストに仕えていたからです。このことをマザーはこのように言っています。「私は日に二度、キリストに触れます。一度はミサでパン（ご聖体）（＊注2）になられたキリストに、二度目は、貧しい人の中におられるキリストに」。

マザーの働きをもう少し追ってみましょう。

「孤児の家」を開設した二年後にマザーは、ハンセン病（＊注3）の巡回診療を開始しています。

一九六四年、マザーが五十四歳のときに教皇パウロ六世がインドのボンベイを訪れました。教皇様は帰り際に、ある富豪からプレゼントされた高級車をマザーに差し上げたいとおっしゃいました。「車は誰かにあげてもいいのです。貧しい人のために使ってください」と言われます。そこで、マザーはとても素敵なことを思いつきました。競売にかけて、最も高い値をつけた人に売るというアイディアです。周囲の人は驚いて反対しましたが、その代金で広大な土地を買ってハンセン病者が働くセンターを作りたかったのです。マザーの目的を聞き、インド中のお金持ちが集まって競売が始まりました。車はついに十倍の値段で売れました。マザーはその資金を元に、カルカッタから二百キロ離れた広大な美しい丘を購入しました。そこは「平和の村」と名付けられ、ハンセン病者のセンターとなったのです。マザーは、厳しい生き方をしましたが、茶目っ気があり、アイディアが豊かにわく方でした。

さらに、世界中を飛び回ったマザーは、飛行機で手も付けずに捨てられている大量の機内食に気付きました。これを貧しい人のために貰い受ける約束を取り付けたのです。

他にもマザーは、インドではよく捨てられているココナツの殻に目を留めました。殻をつぶすと繊維がたくさん出てきます。これでマットやタワシを編むことが出来ます。こうしてマザーは仕事を生み出し、貧しい人たちの生活を助けました。

一九七一年、インドでは第三次印パ（インドとパキスタン）戦争が起こりました。両国の軍隊が戦闘を始め、民衆は家を焼かれたり、家族を殺されたりしました。国境を越えて逃げる人々は、一時は五百万人を越えました。これまでも路上生活者であふれていたカルカッタにさらに多くの難民が流入しました。このとき、難民キャンプでコレラが発生しました。コレラは伝染すると、一つの町が全滅するほどの猛威をふるいます。マザーがキャンプに医者を送るようカルカッタ市に頼みましたが市は取り合いませんでした。誰もが恐れて逃げる病気にマザーは立ち向かいました。健康な修道女を三十人連れて難民キャンプに入ったのです。感染した人々を一ヶ所に運んで看護し、病気にかかっていない人に食べ物や薬を運びました。シスターたちも感染する恐れがありましたが、命がけの看護から二ヶ月、コレラはついに減り始めたのです。すでに感染していた百人は亡くなりましたが、他に感染しなかったのです。五千人の難民キャンプの人々が救われました。それは、カルカッタや他の町の人々をも感染から救ったことになるのです。

一九七九年、六十九歳の時にマザーは「ノーベル平和賞」を受賞。世界中がニュースを伝えました。マザーは、「私は、このような賞にふさわしい者ではありません。でも、世界中の貧しい人に代わって賞をいただきます」とスピーチしました。また、異例のことですが、受賞パーティーの取りやめを願いました。その費用と賞金の全額は飢えに苦しむ貧しい人たちのために使われたのです。

マザーはよくこのように言っていました。「貧しい人は素晴らしい。決して威張ったり人をだましたりしません。貧しい人ほど感謝する心を持ち、優しい心をもっています」。

一九八一年四月二十二日、七十一歳になったマザーは日本を訪れ、熱烈な歓迎を受けました。さまざまな場に招かれ、力強い聖書の言葉を引用して多くの講演をしました。

日本を訪れ、最も必要なことをいち早く見抜いた彼女は、同年五月二十四日、東京に

「神の愛の宣教者会」を開設しました。真っ先にしたことは、一人暮らしの老人訪問と、未婚の母を引き取り、無償で出産のサポートをすることでした。支援のない妊婦を放っておくことは、堕胎（中絶）へ追い詰めたり、自宅で出産する状況に追いやったりすることです。自宅で出産することは、母子ともに命を危険にさらします。

マザーは、日本において「最も小さい者」とは、「生まれる前の胎児である」とはっきりと述べました。堕胎することは、母親がわが子を殺害することです。マザーは胎内の子を殺す権利は誰にもない、母親にもないと話されました。

残念ながら、日本の堕胎件数は増え続けています。戦後六十年間の件（＊注4）は厚生労働省に届けられた数だけで三千五百万人。実数は二倍の七千万人に上ると推定されています。マザーテレサはこう語りました。「小さな命を大切に守り育てることが、平和につながるのです。もし母親が自分の子を殺せるなら、他人同士が殺しあうのをどうやって防ぐことができるでしょう」。

マザーは、一九八一年、八二年、八四年と三度来日しています。二度目の来日時、上智大学で講演を聞いた二十代の女性七名が感動し、胎児を守るために「生命尊重センター」というボランティア団体を立ち上げました。

センターはさまざまな活動を始めました。初めは日本全国を回って講演をし、「お腹の赤ちゃんは大切な社会のメンバー。人間です」という考えを広めました。毎月の「生命尊重ニュース」の発行、学習会の開催、出産を思い悩む女性たちの無料電話相談（「SOSほっとライン」）など胎児の命を守る支援活動は多岐にわたりました。幼い子とお母さんたちが集まって「生命尊重ニュース」の読書会をし、お茶を飲みながら話したり相談にのってもらったりする「ほっとスポット」も全国に広がっています。母親同士の集まりは、孤独によるノイローゼや幼児虐待を防いでいるのです。生命尊重センターは、全国に八万人もいるボランティアに支えられて三十年以上続いています。

センターの活動の中で、最も特徴的な「円ブリオ基金」は、一口一円の募金を集めることで、妊婦に迅速に出産費用を提供しています。基金の助けで生まれた赤ちゃんは、五百人以上（二〇一八年）もいます。

また、生命尊重センターの呼びかけでドイツのベビークラッペ（赤ちゃんのベッド）を視察した熊本の慈恵病院の蓮田院長は、日本にも必要性を感じて二〇〇七年に「こうのとりのゆりかご」（＊注5）設置しました。外からは病院の壁にしか見えませんが、内側は適温に保たれたベビーベッドになっています。自分では育てられない母親が、匿名で赤ちゃんを預けることができます。母親の気持ちが変わって引き取りに来る場合、一定期間内ならば戻されることもあります。しかし、一度は助かった赤ちゃんが、引き取りに来た母親によって母子心中したケースがありました。

赤ちゃんを預ける前に病院に相談すればさまざまな可能性を一緒に考えることができます。養子に出すと決めた場合でも、事前に相談をすると乳児院を通らずにすぐに子供に家庭を与える道も用意されています。（第一章の七参照）

「ゆりかご」は追い詰められた母親が赤ちゃんの命を落とすのを避けるための非常手段です。救われた命は十年間で一三五人もいます。これはマザーテレサが神のお望みを果たした実りでしょう。

マザーは他に、先進国に増えたエイズ患者のためにも尽力しました。物質的には豊かでも、孤独に苦しむ人が多い現代です。必要があれば、マザーはどんな国にも飛んでいきました。

一九九七年九月五日、マザーテレサは帰天しました。神の言葉に従ってすべてを捨てたその生涯は、いまも世界中の人を照らしています。列聖調査（聖人であるかどうかを調査すること）の結果、二〇一六年九月に聖人の列に加えられました。記念日は九月五日です。

【聖書】「わたしの兄弟であるこの最も小さい者の一人にしたのは、わたしにしてくれたことなのである」（マタイ25章13節）

（注）第二話　聖マザーテレサ（貧しい人はすばらしい）

（＊注1）この考えがマザーテレサの原動力になっている。マタイ二五章三一～四〇節参照。

（＊注2）ご聖体とは、ミサの中で司祭が特定の祈りをすることでパンがイエス・キリストご自身の体に変化することを指す。カトリックにおいてシンボルではない。

（＊注3）ハンセン病はらい病とも呼ばれていた。皮膚や末梢神経が冒されるので熱さや痛みを感じなくなり、鼻や耳、指などに変形が生じることもある。感染力は弱い。かつて日本でも患者を強制的に隔離していた。現在は特効薬がある。旧約聖書の中にも見られる古くからある病。

（＊注4）日本における年間中絶件数は、四十万人だが、実際は二倍強だと推定される。

（＊注5）「ゆりかご」は、二〇一八年に神戸の助産院にもできた。要請は日本中からある。熊本までの旅費が作れずに中絶を選んだ女性がいたと報告されている。

第三話　聖ベルナデッタとルルドの泉

フランスのルルドはベルナデッタという少女に聖母マリアが出現されたことで有名です。ご出現は十八回にのぼりました。

ベルナデッタ・スビルー（一八四四年～一八七九年）は、ルルドで生まれました。両親は、信仰深く愛情にあふれていましたが、その生活は極度に貧しいものでした。弟は空腹のあまり、教会の祭壇にある溶けたろうそくを食べたと伝えられています。母親は、「貧しいことは恥ずかしいことではありません。不正直な方が恥ずべきことですよ」といつも言っていました。父親は、かつては製粉業を営み、困っている人に無償でお金を貸すこともありました。しかし、仕事がうまくいかなくなり、牢獄として使われていた家に移り住むことになりました。湿気の多い環境はベルナデッタの健康を損ないました。彼女は、一生涯ぜん息に苦しみ、発作が起きると呼吸困難に陥りました。

一八五八年二月十一日のことです。暖炉の薪を拾うため、妹と隣家の友達の三人で近くのガーブ川を渡ろうとしたときです。冷たい川に足を入れるのをためらったベルナデッタはみんなよりも遅れてしまいました。やっと決心して片方の靴を脱ぎ、もう一方も脱ごうとした時、突然ざぁーっと強い風が吹いてきました。驚いて振り返ると、洞窟に見知らぬ美しい女性が見えたのです。この方は白い長い服を着ており、手には金の鎖でつながれた白いロザリオを持っていました。素足の足元には黄色のバラがありました。

美しい女性を見て、ベルナデッタは十字を切ろうとしましたが、不思議なことに手が重く感じられ、上にあげることができませんでした。女性が十字を切るとベルナデッタも十字を切ることができたので一緒にロザリオを唱えました。ロザリオは羊の番をしながらよく唱えた祈りです。ロザリオで五十三回も唱える「アヴェ・マリアの祈り」は、聖母に与えられた恵みを讃えるものです。

ベルナデッタは、主の祈りとアヴェ・マリアの祈りの間「その白い服を着た若い女の方は、唇を動かされませんでした。けれども、栄唱の祈りのときには、頭を下げ、それを唱えておられるのがはっきりと見えました」（＊注1）と説明しています。

この女性が「聖母である」とわかるまでの道のりは大変なものでした。注目を集めるためにウソをついていると噂する人もいました。大勢の人が少女の後をついて洞窟に来るのでだんだんと騒ぎが大きくなり、警察の尋問も受けなければなりませんでした。しかし、少女が毅然として受け答えをするので周囲の人を驚かせました。「わたしの中には何かがある。四方八方から攻撃されても何も起こらず、心配もしません」（＊注2）という言葉が残っています。神さまが、使命を果たせるようにベルナデッタを守り、強めてくださったのです。しかし彼女は、美しい女性を初めから聖母マリアだと言ったのではありません。病弱で学校を休みがちだったため、十四歳になっても読み書きができず、初聖体（＊注3）すら受けていない自分に聖母がご出現になるなどと想像すらしなかったでしょう。

さて、ご出現の目的は罪びとが神に立ち帰るように私たちが祈ることでした。そして、日々の小さな苦しみや悲しみも償いとしてお祈りに加えるように望まれました。また、ルルドに教会を建てること、聖母への崇敬を表す行列を望むことを少女に伝えました。ペラマール神父さまに伝えると、まず女性の名を聞くように言われました。しかし、お名前を尋ねてもすぐに答はいただけませんでした。

一八五八年三月二十五日（お告げの祭日）に、ベルナデッタは洞窟の女性から決定的な言葉を受けとります。「わたしは、原罪なく（母の胎に）宿ったものです」という言葉です。少女に語られた言葉はフランス語ではなくラテン語でした。「あの方は、インマクラタ・コンセプシウとおっしゃいました」と神父様に伝えると彼は非常に驚きました。

「君は、その言葉の意味を知っているのかい」

「いいえ。わかりません。あの方がそう言ったのです」

その言葉は、聖母が「原罪なく宿った」ことを表す神学の専門用語でした。聖書と教会の教えによると、最初の人、アダムが犯した罪（原罪）のため、すべての人はこの影響を受け継いでいます。アダムの子孫であるわたしたちが受け継いだのは、「罪」（その人が犯した過ち）ではなく、「罪に傾きやすい弱さ」です。イエス・キリストが命をかけて獲得してくださった十字架の恵みによって償われ、あがなわれましたが、罪への傾きとは闘わなくてはいけません。しかし、人間の中でただ一人聖母マリアだけは原罪の影響を受け継ぐことを免れました。（＊注４）聖母は造られたばかりの最初の人間がもっていた素晴らしい恵みを保った方です。聖母がこのような方であることは古代から信じられてきましたが、一八五四年に教皇ピウス九世が「聖母の無原罪」を全世界の教会に発表したばかりでした。ルルドのご出現の四年前のことです。

「インマクラタ・コンセプシウ」は神父さまか、学問をおさめた人でなければ知らない特別な言葉でした。ベルナデッタは母国語も読めないのですから知るはずがありません。神さまのはからいはすべてを役立てます。ベルナデッタになんの知識もなかったことは、神のご計画でしょう。

主任司祭はようやく少女の話を本気で聞く気になりました。聖母マリアが彼女に語りかけた可能性を否定できなくなりました。本当に「天からの介入」かもしれないのです。この日以来、委員会が生まれて本格的な調査が始まりました。

四年後の一八六二年一月十八日に結果が発表されました。「私たちは、無原罪の聖母マリアが、ルルドの洞窟で十八回にわたり、ベルナデッタにご出現なさったことを信じ、認めます」。その後聖母のお望み通り美しく立派な聖堂も建てられ、今では世界中の巡礼者が訪れて聖堂や洞窟前でロザリオを祈る光景を目に出来ます。夕方になると各国語でアヴェマリアの歌を歌いながら集まって「聖母行列」もしています。

さて聖母は、「お告げの祭日」の一ヶ月前、ベルナデッタにもう一つの奇跡を与えていました。ご出現のときに「泉に行って、水を飲みなさい」と心に語りかけを聞いたため、ガーブ川へ行こうとすると、聖母は指で地面を掘るように指示されました。地面を掘るとわずかな泥水が湧き出てしばらくすると澄んだ水になりました。この泉は、すぐに病気やケガを治すことがわかりました。最初の奇跡は目の癒しです。失明した人が泉の水を目につけると見えるようになったのです。その後も多くの人が病を癒され、一六〇年以上たった現在も癒しが起きています。

「奇跡」についてカトリック教会はとても慎重です。ルルドの水で心身の癒しが起きた事例は無数にありますが、公に認定されたのは一六〇年間で百例です。現代の科学では説明のつかない際立った癒しばかりです。

マキシミリアノ・マリア・コルベ神父様（＊注5）もルルドの水によって癒しの恵みをいただきました。神学生の時に右手の親指に腫れ物ができて、骨を削る手術をしなくてはならないと診断されましたが、校長先生がルルドの水を指に塗ってくれました。数日後、医者は、よくなっているので手術をしなくてよいと言いました（＊注6）。このような癒しも含めると大変な数になります。泉の奇跡については多くの本が出ています（＊注7）。

「水」は聖書によく登場し、様々な意味をもちます（＊注8）。ルルドの泉も、聖霊の働きを暗示していると思われます。

ルルドには年間三百万人の巡礼者が訪れますが、泉の水を自由に飲み、持ち帰ることができます。

その後、ベルナデッタはどのような人生を歩んだのでしょうか。小さな村で「マリアさまを見た少女」として方々で写真が売られ、彼女は有名になってしまいました。自分は取るに足りないものだ、と考えていた謙遜なベルナデッタには辛いことです。

一八六六年七月七日、ベルナデッタはルルドから遠く離れた地で「ヌヴェール愛徳修道会」に入会しました。修道女（シスター）になるためです。特別な技能は持っていませんでしたから、修道院では看護助手や医務室の仕事、そしてミサの準備を任されました。たくさんの持病があるベルナデッタは病人の気持ちを深く理解できたのでよく笑い、ユーモアたっぷりの話し方で病人を励ましました。薬の調合も教えられたとおり正確に出来ました。しかし、ぜん息の発作が起きると呼吸困難に陥って三度も臨終に近い状態になりました。

病人の看護を休まなければならないときは、一番の仕事は「お祈り」だと思い直し、つらい気持ちを神さまに差し上げていました。神さまはどのような気持ちも受け取ってくださる優しい方です。

ベルナデッタは、聖母から約束を受けていたようです。「私自身に関することは秘密です」と言っていましたが、彼女の病気はルルドの泉では癒されない、と知らされていたようです。様々な苦しみを、神さまを知らずに罪を重ねる人たちへの償いの祈りとしてささげるように望まれていたのです。このようなことはずっと後でわかりました。

ベルナデッタは三十五歳で天に帰りました。神さまからいただいた特別な恵みに十分に応えなかったのではないかと苦しむこともありましたが、聖母にお会いした大きな喜びと、私たちのために十字架にかけられたイエスの深い愛に信頼しました。

約三十年後、列聖調査のため、修道院の地下にある墓が掘り起こされました。湿気の多い場所に埋葬されていた遺体は腐敗を全く免れ、生きているかのように美しい姿で発見されました。いまも眠っているように美しいままです。ヌベール修道院にも多くの巡礼者が訪れています。

ルルドの聖母の記念日は二月十一日、聖ベルナデッタの記念日は四月十六日です。

【聖書】「神は知恵ある者に恥をかかせるため、世の無学な者を選び、（中略）身分の卑しい者や見下げられている者を選ばれたのです。それは、だれ一人、神の前で誇ることがないようにするためです」（コリントの信徒への手紙Ⅰ、1章27～29節）

（注）　第三話　聖ベルナデッタとルルドの泉

（＊注1）『ベルナデッタとロザリオ』アンドレ・ラヴィエ著（ドン・ボスコ社）二一頁
（＊注2）「わたしの中には何かがある。四方八方から攻撃されても、何も起こらず、心配もしません」『聖ベルナデット』アンドレ・ラヴィエ著（エンデルレ書店発行）二五頁
（＊注3）初聖体とは洗礼を受けた信者が、初めてイエスの体に変化したパン（ご聖体）をいただくこと。ベルナデッタのような幼児洗礼（七歳未満の受洗）の場合、初聖体は八歳～十二歳頃に受けるのが一般的。
（＊注4）『カトリック教会のカテキズム』四〇四～四〇五頁、四一一頁。
（＊注5）本書第八話参照。コンベンツアル聖フランシスコ修道会の司祭。コルベ神父は長崎に六年間住み、「聖母の騎士」誌を発行した。この雑誌は現在も発行されている。神父が母国ポーランドに帰国した数年後に第二次世界大戦が勃発した。
（＊注6）『母への手紙　アウシュビッツの聖者コルベ神父』（聖母の騎士社）マキシミリアノ・マリア・コルベ神父著（四五頁～四七頁）に詳しい。
（＊注7）パトリック・テリエはルルド医務局の常任医師。『奇跡認定医が語るルルドの癒しと奇跡』

（サンパウロ出版社）の著者。ルルドでの癒やしについて多くを知ることが出来る。

（＊注8）神の霊、「聖霊」のことを聖書では「生ける水」とも言う。水が喉の「渇き」を潤すように、聖霊が心の「渇き」を満たすためである。聖霊を表す聖書の箇所は、一年に一二回実のなる木のほとりには、神が送った「生ける川の水」（エゼキエル書47章12節）や人を罪から解放し、神の子とする洗礼にも使われる（ルカ福音3章21節）。他に、病を癒すべトサイダの池（ヨハネ福音5章7節）などにも水が表れている。

第四話　リジューの聖テレーズ（バラの雨）

リジューの聖テレーズは、聖ベルナデッタと同時代の人です。「小さい花のテレーズ」とか「幼きイエスのテレーズ」とも呼ばれています。

テレーズ（一八七三年～一八九七年）は、北フランスのアランソンという町で生まれ、裕福で愛情に満ちた信仰深い家庭で育ちました。十一人きょうだいの末っ子で快活な子どもでしたが、四歳のときに母を亡くしてから感じやすくよく泣く子どもになりました。

その後、一家は、おじ家族のいるリジューに引越しました。九歳の時に母親代りだった姉のポリーヌがカルメル会という修道院へ入会することになり、テレーズは悲しみのあまり、心が不安定になりました。原因不明の熱が出てなかなかよくなりません。父親は心配してパリの「勝利の聖母聖堂」に九日間のミサを頼みました。一八八三年の聖霊降臨の祝日、姉のマリー、レオニー、セリーヌはテレーズの寝ている部屋に集まり、癒やしを祈りました。するとベッドのそばに置かれたマリアさまのご像がこれまでに見たことがないほど美しく見えました。そして、「魂の奥の奥まで」しみとおるほほえみを見たのです（＊注1）。テレーズは喜びの涙を流しました。すべての苦しみが消えたからです。

十四歳の時、パリでひどい殺人事件を新聞で知ったテレーズは、死刑が確定しても罪を悔いようとしない犯人の魂の救いのために、おやつを我慢したり、家の手伝いをしたりしながら祈りました。姉のセリーヌも一緒に祈ることにしました。数カ月後、新聞は、「許しの秘跡」（＊注2）にあずかることも拒否していたヘンリ＝プランジニが死刑台に上る最後の瞬間に、そばで見守っていた司祭を突然ふり返り、差し出された十字架を受け取ってキスをしたと伝えました。これは罪を悔いて神に立ち帰ったしるしです。プランジニの最後の回心を知ったテレーズは、セリーヌと二人で喜び合いました。死刑をまぬがれることはできなくても魂は救われたのです。二人は、お祈りは必ず神さまに聞かれると確信しました。テレーズは生涯、プランジニのために祈りました。

テレーズはその後、祈りの生活に生涯を捧げたいと思い、初めてカルメル会に入会希望の手紙を書きました。しかし、「十六歳になるまで待つように」という返事でした。一年ほど祈りながら待ちました。その頃父親と一緒にローマ巡礼に参加する機会があったのでテレーズは、ローマで教皇様にお会いして直接願いを打ち明けることにしました。この大胆な行動は、今はフランスの教会の美しいステンドグラスで見ることができます。教皇様は、「神さまのみ心ならばそうなるでしょう」と言われました。巡礼から帰った翌年の元旦（一八八八年）にカルメル会の院長様から入会を許可するという手紙が来ました。

こうしてテレーズは、十五歳という若さで入会したのです。

最初の試練は、父親に脳性マヒの徴候が現れたことです。テレーズは会を出て、父の世話をするべきではないかと考えました。しかし、聖書を読み、祈っていると「主はわたしのよい牧者。わたしは乏しいことがない」（詩編23）という箇所に目がとまり、神への信頼を取り戻しました。「神さまが必ず助けてくださる。お父さんのことはすべてお任せします」。テレーズはすべてをゆだねました。そして、ローマ巡礼に行ったことなど楽しい話を手紙に書いて父を慰めました。大好きなお父さんのことを考えると深い苦しみを感じましたが、修道生活を続けることはテレーズのわがままではありません。すべての人が神を知り、幸せに生きるためにテレーズやベルナデッタのように生涯をかけて祈る人が必要なのです。神さまからこのような生活に招かれた人は、それに応えて生きることが本人にも、他の人々にとっても幸せな道となるのです。

テレーズは神さまを愛する努力を惜しみませんでした。しかし、たびたび弱さと限界を感じ、自分は「小さな者だ」と思いました。努力だけでは聖なる人になることも、神に近づくこともできないと身に染みてわかったのです。

ある時、旧約聖書の言葉にひらめきを感じました。それは「小さい者は、わたしの所に来なさい」（箴言9章4節）という言葉です。「小さい者」とは自分のことだと考えていたテレーズは、神さまに「こちらにおいで」と招かれていると感じたのです。優しいお父さんとの思い出が浮かび上がりました。末っ子で父に誰よりも可愛がられたテレーズは、何かお願いすると必ずかなえてもらえました。それは、天のお父さま（神さま）にも当てはまるのです。

「私は神さまの前で幼子のままでいよう」。神さまが導いてくださる道に完全に身をゆだね、信頼し、謙遜な態度で歩み続けること、これが自分の道だと気づいたのです。

すでに大人になった人が「小さい者」として生きることは易しくありません。しかしテレーズは絶え間なくプライドを捨て、個人的な望みや好みよりも、神さまがお望みになることを選ぶチャンスを逃しませんでした。そして、うまくいかない時も神に愛されていることを忘れませんでした。例えば、お祈りの時に、疲労から居眠りをしてしまうと「子どもは元気なときも眠っているときも親に愛されている」と考えて失望しませんでした。失敗するたびに微笑み、さらにいっそう神に信頼しました。これがイエスさまをお喜ばせする「小さい道」、「幼子の道」です。この道を「神のみ腕に運ばれて天国へたどりつくエスカレーター」ともよびました。テレーズは、偉大なこと、人の目に称賛されることを望まず、神さまがお喜びになることだけを望みました。それは、「最も小さなことに愛をこめること」です。例えば、苦手な仲間に会うたびに心からほほえんだり、優しい言葉をかけたりすることです。先にカルメル会でシスターになった姉のマリーは、修道院の休憩時間（沈黙が解かれる）に、テレーズはいつも、寂しそうなシスターと共にいるようにしていたと証言しています。またその時は神父さまたちのマネをしてシスターたちをよく笑わせていたそうです。気難しいシスターになじられたり、怒鳴られたりするときはまるでほめられているかのように喜んで受けいれました。テレーズはそのシスターを敬遠せず隣に座って親切にしました。繊細な心は傷ついたはずですが、優しく出来たのはイエスがこの人を愛し、尊い命を捧げたからでした。

「魂の救い」とはなんでしょうか。私たち人間は聖書にあるように、「神に似せて」造られました。教会の教えによると、人間は地上のいのちが終わっても存在はなくならず、永遠のいのち（天国）か、永遠の苦しみ（地獄）を迎えることになります。

神さまは、人が善いことを選ぶように勧めを与え、いろいろなチャンスをくださいますが、人には自由が与えられているのでそれを拒むこともできるのです。テレーズが、死刑囚のために心を痛めて祈ったのは、大きな罪を悔いないで地上の命を終えると永遠の苦しみである地獄に入るかもしれないと思ったからです。イエスさまはこの死刑囚のためにも十字架にかかられ罪を償ってくださったのです。その深い愛を拒むことがないようにと彼のために祈ったのです。地獄は神さまが投げ込むのではありません。大きな罪を悔い改めずに命を終える人が自分で入るのです。

キリスト教会の教えによると、死後、すぐに天国に入るほど清められた状態でない霊魂は一定期間、（煉獄《れんごく》）で罪の償いをします。ここは一時的な状態で、償いを終えると必ず天国へ入ります。償いは自分で短くすることはできませんが、生きている私たちが祈ると短くなり天国に入ることが出来ます。

人が早く神さまの愛に気づき、罪を悔いて喜びにあふれた人生を送ることが出来るようにテレーズは苦しみと犠牲を捧げ、一瞬も無駄にしませんでした。

日本にも、〝お百度参り〟とか〝お茶断ち〟などがあるように、「犠牲」とは、祈りを聞き入れていただくため、苦労を伴うことや、好きなものを何か一つか二つ控えて祈りに添えることです。人は、愛する人に役立つと思うならば自発的に苦痛を引き受けることができるのです。

テレーズの愛は、世界中の人に向けられていました。神が喜ばれるよう、霊魂が救われるようにとただの一秒もチャンスを見過ごさなかったのです。お裁縫の時間に、あと一針で縫い終わる時にベルが鳴るとさっと手を留め、お祈りのために立ち上がるなど、ごく小さなことに心を込め、病気や試練に苦しむときも天使のように微笑みました。共に暮らしたシスターの中には、テレーズには何の苦しみもないと思いこんでいた人もいました。

やがてテレーズは結核にかかり、苦しみを神さまにさしあげる日々を送ります。亡くなる二日前、水薬を持ってきたシスターが眠ってしまいました。テレーズは起き上がれないのでコップを床に落として音を立ててシスターを起こしてしまわないよう一晩中眠らずに、熱で震える手でコップを握り続けていました。

テレーズは世間の人には知られずに二十四歳で亡くなりました。「私が天国に行ったら、天からバラの雨を降らせましょう」と言い残して。神さまのそばに行ってから人々の祈りを取り次いで恵みを雨のように降らせましょうということです。それが実現する日がきました。院長に勧められて書いた自叙伝が死後、出版されると世界的なベストセラーになったのです。また、テレーズに祈りを頼んだ人たちに奇跡が起きました。カルメル会には毎日、報告の手紙が様々な国から届きました。テレーズが言ったとおりでした。

テレーズは、異例の速さで列聖されました。さらに、高等教育を受けていないが、神についていては「博士」であると認められ、一九九七年、聖教皇ヨハネ＝パウロ二世から「教会博士」の称号も受けています。

聖書でイエスさまは「子供たちをわたしのところに来させなさい。神の国はこのような者たちのものである」とおっしゃっています。小さきテレーズはまさに「幼子」でしたから、神の国にまっすぐに受け入れられたのです。

「幼子の道」は多くの文学者、芸術家、哲学者、修道者、信徒に大きな影響を与えています。記念日は十月一日です。

【聖書】「子供たちをわたしのところに来させなさい。神の国はこのような者たちのものである」（マルコ10章14節）

（注）　第四話　リジューの聖テレーズ（バラの雨）

（＊注1）「聖母のみ顔には言葉では言い表せないほどの善さとやさしさが息づいていました。でも私の魂の奥の奥までしみ透ったのは、聖母のなんともいえないほほえみでした」『リジューのテレーズ』ホアン・カトレット著（新世社）三六頁。

（＊注2）「ゆるしの秘跡」は、信徒が犯した罪を司祭に告白し、神に許していただくこと。殺人などの重大な罪（大罪）はすべて告白する。

第五話　聖マキシミリアノ・マリア・コルベ神父

皆さんは、日本に来られたマキシミリアノ・マリア・コルベ神父さま（一八九四年～一九四一年）をご存じですか。神父さまはポーランドの聖人で、一九三〇年四月二十四日から六年間、二人の修道士と共に長崎の大浦天主堂のそばで生活されました。本河内にある「コルベ記念館」で足跡をたどることができます。

来日して一ヵ月後、日本語の月刊誌「聖母の騎士」一万部がさっそく発行されました。慣れない異国の生活の中で睡眠不足や栄養不足などさまざまな犠牲を払って得たすばらしい実りです。ゼノ修道士さんは街角に立ち、「聖母の騎士」を紹介して定期購読者を募ったり、無料で配布したりしました。いつもにこにこしているゼノさんは多くの人を惹きつけました。彼は戦後も日本で暮らして飢えと孤独に苦しむ多くの人々を助けることになるのです。

コルベ神父さまのご生涯を見ていきましょう。

誰でも初めから聖人だった人はいません。神父さまも子どもの頃は、活発で少々イタズラ好きな少年だったようです。コルベ少年（子供の時の名はライモンド）はお母様によく叱られたそうですが、ある日、あまりのイタズラに「ああ、あなたは将来どんな子になるのでしょう」と嘆かれました。そのことがひどく心に響き、「マリアさま、僕は将来どんな子になるのでしょう。教えてください」と家でも教会でも何日も祈りました。七歳～十歳の間のことです。

時がたち、聖母は赤と白の二つの冠を持ってライモンドにお現れになりました。そして「この二つの冠がほしいですか」と聞きました。迫害されて命を捨てることになっても信仰を捨てない「殉教」の赤い冠。神を優先的に愛するための独身を示す「純潔」の白い冠。少年は「ほしいです」と答えました。この時からマリアさまの優しさと美しさ、甘美さが心に刻まれ、生涯忘れることはありませんでした。後に彼は司祭となって、ご自分の全てをマリア様に捧げて（＊注1）修道生活を完全に守りどんな困難が生じても「無原罪の聖母が望むなら、うまくいくでしょう」と口癖のように言いました。そして、すべてうまく進むのでした。

神父さまは「純潔」を選び、「殉教」することになります。しかし、聖母のご出現を受けたことは亡くなるまでお母さまと二人だけの秘密でした。

さて、コルベ神父さまは、来日されてから六年後にはポーランドに帰らなければなりませんでした。「無原罪の聖母の園修道院」の院長に任命されたためです。長崎を離れるのはとても辛いお気持ちでした。神父さまはいつも笑顔でユーモアがあり、お父さんのように優しい方でした。怒った顔を一度も見せたことがありませんでした。

三年後、第二次世界大戦が勃発し、ドイツではナチスが国民の支持を得ていました。ナチスの考えによるとは四百万人のユダヤ人を捕らえ、強制収容所で過酷な労働をさせたり、ガス室へ送って虐殺したりしました。コルベ神父さまはユダヤ人ではありませんが、ナチスに協力的でないという理由で捕らえられ、一九四一年五月にアウシュビッツ強制収容所に入れられました。結核で体力のない神父さまも他の囚人と同様に十分な食事を与えられず、過酷な重労働を強制されました。何十万人もの人がただ生き延びるだけのぎりぎりの状態に置かれたのです。収容所は人間らしい喜びも希望も全くない所でした。

七月二九日、一人の収容者が脱走しました。どうしても見つけることができません。ナチス軍所長は二度と脱走する者が出ないように、見せしめとし無差別に選んだ十人に餓死刑を命じました。驚愕が走りました。しかし、抵抗するとどんなことをされるかわかりません。みな黙って靴を脱ぎ、地下牢へ向かおうとしたときです。若い父親が叫びました。「かわいそうな妻と子供たち」。コルベ神父さまは彼を見て少し考えてから静かに列の前に進み出ました。今度は所長が驚いて取り乱し「お前は何者だ！」と叫びました。「私はカトリックの神父です。妻子のあるこの人の代わりになりたいのです」。コルベ神父さまは若い父親の代わりに刑を引き受けると言ったのです。願いは聞き入れられ十人は全員裸にされて地下牢に入りました。

神父さまは死を恐れませんでした。

「わたしは復活であり、命である。わたしをを信じる者は、死んでも生きる」（ヨハネ11章25節）という聖書の言葉を信じていました。神父さまは、地下牢に閉じ込められた囚人たちが、ふさわしい心で神さまの前に出られるように、「ゆるしの秘跡」を授け、心の準備を手伝ったのです。看守たちは、地下室に降りるといつもロザリオの祈りの声や賛美歌が聞こえるのに驚きました。神父さまのおかげで「死の部屋は、まるで聖堂のようだった」という証言が残っています。

真夏の二週間、一滴の水も食物も与えられず、ついにほぼ全員（他に三人が残っていました）が亡くなりました。もっとも病弱だったコルベ神父さまは最後まで意識がはっきりしていましたが、ドイツ人兵士の死の注射を受けて亡くなりました。神父さまは壁にもたれて、きちんと座り、迎え入れる聖母を見つめているかのように、大きく目を開き、美しく輝いたお顔で天国へ帰られました（＊注2）。一九四一年八月十四日、聖母被昇天の前日でした。四十七歳でした。

戦争が終わり、知らせを聞いた神父さまのお母さまは、辛い思いを抱きながらも二つの冠のことを忘れていませんでした。神さまのご計画だったと理解したのです。お母さまは、息子の殉教を覚悟しながら、彼が神さまのために十分に働くことができるようにとずっと祈っていたからです。

コルベ神父さまは巨大な悪に対して、神さまの愛で抵抗しました。人間の力ではなく、神が与えた深い愛の力です。命を助けられたガヨヴィニチェクさんは、アウシュビッツから生還し、戦後、コルベ神父さまの愛の行いを伝えるために世界中で講演しました。

コルベ神父様は、同じポーラン出身の聖教皇ヨハネ・パウロ二世により一九八二年十月十日に列聖されました。記念日は八月十四日です。

【聖書】「友のために自分の命を捨てること、これ以上に大きな愛はない」
（ヨハネ15章13節）

（注）　第五話　聖マキシミリアノ・マリア・コルベ神父
（＊注1）「コルベ神父さまの思い出」セルギウス・ペシェク著（聖母の騎士社）四一頁
（＊注2）「天使のゼノさん―日本二十六聖人の祈り」桑原一利著（聖母の騎士社）一二五頁

第六話　聖コルベ神父さまと「不思議のメダイ」

ポーランドにあるニエポカラヌフ修道院の庭には、右手を前にさし出しているコルベ神父さまのご像があります。掌にある「不思議のメダイ（英語ではメダル）」をくださろうとしている姿です。神父さまは、このメダイを悪魔を打ち負かす「聖母の弾丸」と呼び、ポケットに入れて人々に配っていました。

神父さまはポーランドにいる頃、列車の中で日本人留学生に会ったことがありました。しばらく話すうちに彼らがキリストのことも聖母のことも聞いたことがないとわかりました。神父さまは「不思議のメダイ」を渡し、学生は日本のお守りをくれました。このことがきっかけで日本に神さまを伝えに行こうとお考えになったと言われています（＊注1）。

「不思議のメダイ」の由来について説明しましょう。

一八三〇年七月十八日、聖母は「ビンセンシオの愛徳姉妹会」のカタリナ・ラブレにお現れになりました。カタリナは、当時はまだ修道女の見習いでした。

その十一時半頃のことです。カタリナが名前を呼ばれて目を覚ますと美しい子供が立っていました。子供は金髪で白い衣をまとい、全身から光を発していました。「聖母が待っておられます」と言う子供についていくと聖堂はミサの時のように明るくなっていました。カタリナがひざまずいて祈っていると、子供は「聖母がおいでになりました」と言いました。まもなく非常に美しい女性が祭壇の前に現れました。カタリナは聖母のひざの上に手をおき、長い間その話に聞きいりました。

聖母は、祭壇の前で祈ることで人は大きな恵みを受けることや、人々の救いに関して大切なことをお話しになりました。

十一月二十七日、カタリナは再びご出現を受けました。このときマリアさまの両手は大きく下に向けて広げられ、その手からは光が放たれていました。聖母は「これは私に願う人に注がれる恵みのしるしです」と説明されました。聖母の周囲には楕円形で「原罪なく宿られた聖マリア、御身（あなた）により頼む私たちのために祈ってください」という言葉が見えました。また、メダイの裏はマリアを表すMの文字の上に十字架が見えました。

Mの文字の下には二つの心臓が描かれています。茨の冠で囲まれている心臓は、人類を燃えるように愛し、人々の救いのために苦しみを捧げたキリストのみ心を表しています。剣で貫かれているもう一つの心臓は、御子イエスを犠牲になさったときの苦しみを表す聖母のみ心です。聖母は、「この姿の通りにメダイを作りなさい。これを身につける人は誰でも大きな恵みを受けるでしょう。特にお祈りを唱え、信頼をもって身につける人は豊かな恵みが与えられるでしょう」と約束されました。

二年後、パリの大司教が認可し、聖母が示された通りのメダイが作られました。メダイを身につけた人は約束通りに回心や心身の癒しなど無数の恵みがもたらされたので皆が「不思議のメダイ」と呼ぶようになりました。

聖母は人間の中でただ一人、「無原罪」という恵みを受けました（「第二章第三話」を参照）。この恵みはイエスの十字架による贖《あがな》いを前もって先取りしたものです。聖母を愛し、崇敬することは、必ず私たちをイエス・キリストへの信仰へ向かわせます。聖母の望みはイエスの望みと同じだからです。聖母は神ではありませんが、聖霊に満ち満ちた方で、どんな聖人よりも神のおそばにおられます。私たちの祈りを神に届け（取り次ぎ）、神からくる恵みを私たちに仲介しておられるのです。造られた人間の中で最も恵まれた方です。

私たちは、みなこの方を母としていただいているのです。

【聖書】イエスは、母とそのそばにいる愛する弟子とを見て、母に、「婦人よ、ご覧なさい。あなたの子です」と言われた。（ヨハネ19章26節）

（注）第六話　聖コルベ神父さまと「不思議のメダイ」

（＊注1）『愛の証し人　コルベ神父物語』やなぎや けいこ著（ドン・ボスコ社）八二～八三頁

第七話　永井 隆 博士

永井隆（一九〇八年～一九五一年）博士は、コルベ神父さまと同時期に長崎にいた医者です。専門は放射線医学で当時は新しい学問でした。

長崎医大在学中、浦上天主堂（＊注1）のそばの森山家に下宿しました。森山家は迫害時代の潜伏キリシタンの子孫で熱心なカトリック信者です。永井氏は高校時代からキリスト教に関心はあったようですが、森山家とのふれあいによって信仰を得ました。

一九三三年、満州事変に軍医として出征すると、森山家の一人娘、緑さんは慰問袋にキリスト教の書籍を入れて送りました。翌年、満州から帰国した永井氏は六月に洗礼を受け、八月に緑さんと結婚します。

彼は、急速に増える結核患者の予防と治療のため、毎日のようにレントゲン撮影を行いました。通常は、蛍光板に表示された画像をカメラで撮影する「間接法」を使いますが、戦時下で撮影のフィルムが入手困難になると、自分の健康を犠牲にしても患者を救う決意をしました。X線を受けて光っている蛍光板の前に座り、直接見ることにしたのです。専門家として放射能の危険性を十分に知った上でのことでした。こうして、毎日大量の放射能を浴びながら患者のために働きました。

一九四五年六月、永井氏は三十七歳で慢性骨髄性白血病と診断され、余命三年の宣告を受けました。その夜、妻に話すと緑さんはしばらく黙って祈ったあと、「生きるのも死ぬのも神さまのご光栄のためにね」と言いました。私たちの命は神さまから与えられたものだから、生きるにしても死ぬにしても神に喜ばれるようにしましょう、ということです。

緑さんは、毎朝、永井氏にお弁当を作って笑顔で見送りました。白血病を患っている夫が患者のためにさらに放射能を浴びるレントゲン撮影に行く……。緑さんの気持ちはどうだったでしょうか。ある日、永井氏がお弁当を忘れたことに気付いて引き返すとつい先ほどまで笑顔だった緑さんが、玄関に突っ伏して泣いていました。永井氏はそっとお弁当を取って引き返しました。

戦争は激しさを増していきます。一九四五年八月九日十一時二分、長崎市浦上に原爆が落とされました。一瞬にして町は崩壊し、黒焦げの死体と、苦しみの叫びをあげる人でいっぱいになりました。永井氏は閃光が走った瞬間、爆風に吹き飛ばされ、床にたたきつけられました。部屋の中の物という物が全身に覆いかぶさり生き埋めになるところでしたが、助手に引き上げられてやっと助かりました。右半身にはガラスの破片による無数の傷を負い、頭に大けが（右頸動脈を切断）をしました。出血はひどく、友人の医師が三角巾で固く縛って止血しても血は止まりませんでしたが、応急処置だけで負傷者の看護にあたりました。しかし、三時間後、失血のために倒れてしまいました。畑の隅で外科の教授と施医師の二人がようやく応急止血に成功すると永井氏は西浦上に移り、再び救護に当たりました。

八月十一日。ようやく自宅に帰ると我が家は跡形もなく、台所のあった場所には灰だけが残っていました。その中に赤いロザリオの珠が見えたので掘り出すと妻、緑さんのロザリオでした。十字架と珠のいくつかが腰の骨の一部に絡まったまま溶けて残っていたのです。言葉も出ない悲しみに襲われ、永井氏は泣き崩れました。子供たちは疎開させていたので無事でしたが、緑さんは犠牲になったのです。長崎駅に落とされるはずだった原爆は、燃料切れのために浦上天主堂の真上に落とされ、教会は瓦礫の山になりました。

永井氏は、その後も無理を重ねて看護に尽くし、九月八日に倒れてしまいます。十日には四十度の熱が続き、傷は壊疽《えそ》になり始めました。十八日、再び大量出血。二十日には意識不明に陥ります。

ところが、緑さんの母親が臨終の迫っている永井博士の唇にルルドの水を注ぐと出血がぴたりと止まったのです。この水は、コルベ神父さまが長崎に聖母の騎士修道院を創設した際にフランスのルルドの泉を模して作ったものです。コルベ神父さまはすでにアウシュビッツで亡くなられていました。周囲の人たちは、永井氏が癒されるように神父さまに祈りの取り次ぎを頼んだのです。彼は医学では説明のつかない方法で一命をとりとめました。そのまま傷は治り、やがて痕跡もとどめないほど小さくなりました。

生前のコルベ神父さまは結核でしたので永井博士は神父さまを診察していました。神父さまの肺は五分の四が病に冒されていたそうです。

奇跡的な回復ののち、亡くなるまでの六年間、永井博士は超人的な働きをしました。世界中に想像を絶するに原爆の恐ろしさと悲惨さを訴えるため、また、二人の子供、誠一《まこと》と茅乃《かやの》の生活を支えるため、病床にあって病と闘いながら命を削るように執筆しました。『長崎の鐘』、『ロザリオの鎖』、『この子を残して』、『生命の河』、『いとし子よ』など力をふりしぼって書いた十冊以上の本はベストセラーになりました。博士は信者たちの寄付によって建てられた二畳間の小さな家を「如己堂《にょこどう》」と名付け、仰臥したまま執筆しました。「如己堂《にょこどう》」とは「隣人を自分のように愛しなさい」という意味です。彼が最も大切にし、イエスが身をもって教えてくれたことです。著作からは深い苦しみと愛が伝わりますが、神さまの愛に信頼する明るさも消えていません。

重症患者が病床で本を書くことなどあり得ない、ゴーストライターがいるにちがいないと勘ぐる人、「偽善者」と根拠なく中傷する人もいました。しかし、彼は反論も弁明もしません。「大切な時間を無駄にしたくない」と考えていたのです。

一九五〇年には『長崎の鐘』が映画化されました。翌年、病状が悪化し、脾臓《ひぞう》が通常の三十五倍にもふくれあがった状態のまま四月には『乙女峠』を脱稿しました。そして、ついに五月一日九時五十分、四十三年の生涯を閉じたのです。

博士は浦上天主堂の再建のために誰にも知られないように生活費を削って多くの寄付をしていました。それに、博士は私財を投じて他にも多くの素晴らしいアイディアを実行なさいました。戦争で傷ついた子供たちの心を癒やし、豊かにしたいと願って作った図書室「うちらの本箱」もその一つです。帰天後の翌年には長崎市の図書館になりました。（現在は、長崎市立永井記念館の図書室）。また、「永井千本桜」と呼ばれる桜の木々は今も美しい花を咲かせています。出版社からの印税で桜の苗木を買って山里小学校、純心女子学園、浦上天主堂、病院、道路に植えたのです。他に、千五百人の全生徒のうち、千三百人が亡くなった山里小学校で、生き残った子供たちの手記を『原子雲の下に生きて』というタイトルで発刊しました。亡くなった子供の「碑」も建立しました。博士は、放射能の専門家として、医師として、被爆者として、原爆のむごさを世界に伝えました。もう二度と戦争をしてはいけない、平和を実現しましょうと叫んだのです。

彼は、信者たちの寄付によって建てられた二畳間の小さな家を「如己堂《にょこどう》」と名付けました。それは、「隣人を自分のように愛しなさい」という聖書の言葉からとられています。博士が最も大切にし、イエスが身をもって教えてくれたことです。永井氏の多くの著作はここで執筆されました。数々の作品は、彼の苦しみと愛を伝えています。

【聖書】「隣人を自分のように愛しなさい」（マタイ22章39節）

（注）第七話　永井隆　博士

（＊注1）浦上天主堂は、一九一四年（大正3）にほぼ完成した。キリスト教への迫害が終り、自由化されたのが一八七三年。司祭と信徒が力を合わせて建設したが、原爆により全壊し、その後再建されている。

第八話　アリの街のマリア、尊者・北原怜子

一九三〇年（昭和五年）四月、コルベ神父さまに同行してコンベンツアル聖フランシスコ修道会の二人の修道士がポーランドから長崎に到着しました。その一人がゼノ・ゼブロフスキーです。

通称ゼノさんは、第二次世界大戦中（一九三九年～一九四五年）に出された敵国外国人に外出を禁じる「禁足令」を厳しく適用されなかった珍しい人でした。彼は修道院の必需品を買いに行くだけでなく、どこでもわりあい自由に歩くことができました。にこにこして誰にでも親切なゼノ修道士は、長崎警察から特別に信頼されていたのです。物資のない時代ですから、巡査も穴のあいた靴を履いていました。器用なゼノさんは無償で直してあげていたのです。町で出会うどんな人にも友達のように明るい笑顔で声をかけたので「ゼノさん、ゼノさん」と多くの人に慕われました。悲しんでいる人、力を落としている人の

家を訪問することもありました。

戦争が終わると、家も両親も失った子供たちを見つけては食料や衣服を配りました。温かい言葉と笑顔を向けられ、みな嬉しそうです。何も持っていない時はマリアさまの小さなご絵を渡してお祈りを約束しました。土手に穴を掘って寝たり、土管の中で暮らしたりしている人たちを助けるためにゼノさんは東奔西走しました。その様子はよく新聞に載ったので記事を名刺代わりに持ち歩き、困っている人にお祈りや寄付を頼むときに使いました。

一九五〇年冬、ゼノ修道士は東京を訪れました。駅に住みついて寒さに震えている人たちに食べ物や着る物を配り、神さまの愛を伝えるためです。

十一月、浅草に向かい、履物問屋の前を通りかかりました。店員がゼノさんを見て挨拶したので店に入りました。そこは北原怜子（一九二九年～一九五八年）の姉、高木和子の嫁ぎ先でした。ちょうど二ヶ月ほど前、姉の家の近くに両親が家を新築したので怜子も転居してきたばかりでした。大学教授の父をもつ怜子は恵まれた環境で育ちました。

店員に呼ばれ、サンタクロースにそっくりなゼノさんに初めて会いました。ゼノさんは、怜子の帯につけられたロザリオに目を留めました。

「オジョーサン、アナタ、センレイ、ウケマシタカ」。昨年、受洗したばかりだと聞くとゼノさんはうれしそうに笑いました。「ヨロシイデス、ヨロシイデス」。そして今度は「アナタ、シスターニ、ナリマスカ」と聞きました。ひそかな思いを見抜かれた怜子はびっくりして「ええ、たぶん……」と答えるのが精いっぱいでした。ゼノさんは聖母のご絵と「聖母の騎士」誌、パンフレットを渡して「デハ、サヨナラ、カワイソーナ人間ノタメ、オ祈リ、ドッサリタノミマス」と言うと風のように去っていきました。怜子は小さなパンフレットでコルベ神父様のことを初めて知りました。

この出会いによって怜子は、隅田公園にある「アリの街」を知るのです。そこは大八車を引き、藁や段ボールなどの廃品回収をしながら助け合って暮らしている人々の集落でした。怜子は後にこう書いています。

ここは（中略）隅田川の流れに沿い、右手には言問橋《こといばし》、対岸の向島一帯の美しい風景に恵まれたところです。終戦後は、一時、製材工場があったそうですが、いつかそれも消え去り、その時の製材場であった木造家屋が、あのキティ台風で足をとられ、棟と屋根だけが三角形に、地上に残されていました。「街」の人たちは、その屋根の下で生活していたのです（＊注1）。

「街」の会長は小沢求さんという人でした。彼は当初の計画通りには仕事が運ばず、知り合いに勧められてガラスや空き瓶、鉄くずなどを集めて問屋で換金していました。そのうちに行き場のない人々と暮らすようになったのです。キティ台風の後は、残った棟と屋根を中心にして六百坪の土地を板塀で囲みました（＊注2）。そこへどんどん人が集まり、怜子が訪れた時には約百人が暮らしていました。会長は、法律事務所で仕事をしていた松居桃楼《とうる》さんの協力を得ることにしました。彼は映画会社で働いたこともある劇作家です。この二人を中心にして始まったのが「アリの街」でした。ここでは労働に見合った公正な報酬を受け取れるように、「仕切り場」と呼ばれる廃品を換金する事務所もありました。「街」は徐々に形づくられているところでした。

怜子は初めてゼノさんに出会ってからお祈りをしていました。もう一度ゼノさんにお会いしたい。そして、何かお手伝いしたいと思ったのです。

それからまもない十二月初旬のことです。ゼノさんと松居が怜子の家を訪ねてきました。アリの街で子供たちのクリスマス会をするので手伝ってほしいというのです。怜子は喜んで引き受け、その日のうちに子供たちに会いに行きました。急に現れた美しいお姉さんを見てみんなはびっくりしました。最初はなかなか打ちとけなかった子供も、毎日のように「街」に通ってオルガンを弾き、歌を教えてくれる怜子を好きになりました。一緒にクリスマス会を計画するうちに怜子を優しい先生のように慕うようになったのです。

クリスマス会は大成功でした。まるで二千年前にイエスさまが馬小屋でお生まれになったときのように、みんなを喜びで満たしました。最も胸を打たれたのはゼノさんです。感動のあまり馬小屋の前でひざまずいて祈り始めました。

実は、怜子が松居や小沢さんと出会ったのは大変な危険が迫っている時でした。東京都がアリの街を焼き払うかもしれないのです。警察は、池袋や上野でワラやゴザを重ねて作った小屋でやっと暮らしている人たちを「不衛生で、病原菌をもっている」という理由で「家」に公然と火をつけていました。五分もたたずに跡形もなくなってしまう小屋でも彼らには寒さをしのぐ大切な「家」です。人々は、「あっちも焼かれた、こっちも焼かれた」と噂しあっていました。そのうちに「アリの街にも火をつけるそうだ」とささやかれ始めました。都は実際に立ち退きを要求していました。「隅田公園は公共のものだから、不法占拠をしている」というのです。

毎日、大八車を引いて懸命に働く「アリの街」の人たちをなんとしてでも守らなくてはなりません。戦争によって家も親族も仕事も失った彼らは、追い出されると行き場がなくなってしまいます。

小沢会長と松居は必死で道を模索し、知恵を絞っていました。松居はキリスト教徒ではありませんが、ゼノさんと話をしているうちに、ふとアリの街に教会を作ってしまえば警察も火をつけられないのではないかと思いつきました。さっそく新聞記者を呼び、記事にしました。怜子は初めてゼノさんに会った日に夕刊でそれを目にしています。

「アリの街に十字架、ゼノ神父も一役」

ゼノさんは修道士でしたが、新聞では誤ってこう記載されていました。

危険から逃れるためにひょっこり思いついた話は、翌年の聖霊降臨（五月十三日）に実現してしまいます。「街」のまん中に二階建ての家を建て、屋根に大きな十字架をつけました。都はすぐに火をつけることは出来なくなりました。しかし、問題がまったく解決したわけではありません。いつ立ち退き要求が再燃するかわからないのです。

「教会」と呼ばれていた十字架のついた家（＊注3）は、二階が礼拝所で勉強部屋も兼ねていました。子供たちは毎朝怜子と一緒にここで朝の祈りとロザリオをしてから学校に通うようになりました。成績も次第に伸びていきました。

大人たちも怜子の影響を受け、浅草教会のミサにあずかる人が出てきました。良家のお嬢さんだとわかる美しい着物姿で突然現れた怜子は、初めは「街」の人の目に奇異に映ったでしょう。しかし、子供たちと遊んだり勉強をみたりするために毎日通ってくる真剣な姿は決して気まぐれではないことが誰の目にもわかってきました。怜子は洗礼を受けた日から、神さまのために自分の力を使い尽くしたいと願っていたのです。子供たちのすることに驚いたり、考え込んだりしながら成長をみつめる日々は幸せでした。

友人への手紙にこうあります。

　さて、いよいよ「蟻の街」の礼拝堂もでき上がりました。それは丁度「蟻の街」のまん真ん中にあります。（中略）礼拝堂へは外梯子で、自由に出入りできるようになっております。畳敷きの座敷が十畳、階段を上がってすぐの板敷がたてに二畳あります。隅田川に面した東側と、隅田公園の入り口を見下ろす南側の二面は、全部ガラス窓で、言問橋から川向こうの向島一帯が見渡せる明るいお部屋です。北側の板敷の中央には、十字架上のイエズス様のご像を掲げ、その前に置かれた粗末な木製の祭壇の上には、聖母マリア様の塑像が一つおいてあるだけです（＊注4）。

怜子はこの太陽がいっぱいに入る広い礼拝堂を神さまに喜ばれるようにどう使ったらよいか子供たちに話し合わせました。新聞部や図書部など九つのグループができました。さっそく大きい子が部長になり、小さい子を毎日呼び集めて活動が始まりました。自分たちで記事を書く「子供新聞」も制作するつもりです。

教会が出来るとお風呂と共同食堂が増築されました。

お風呂は怜子の強い願いから生まれたものです。子供たちを毎日お風呂に入れたいと常々言っていたのを小沢会長は心にとめ、教会が出来た年の五月下旬にドラム缶を利用し、わずか一日でお風呂場を作らせたのです。入浴時間は午後二時から四時までです。怜子は何十人もの子を入浴させ、汗だくになりました（＊注5）。清潔にしていれば、学校でも「バタヤの子供」、「きたない」と言っていじめられることがなくなるでしょう。これは大切なことなのです。

　さまざまな活動をするうちに、今度は机がほしいという意見が子供たちの中から出ました。これも話し合いの末に自分たちで大八車を引き、廃品回収をしてお金を貯めようということになりました。怜子も一緒にすることにしましたが、初めの日は大八車を引く勇気がなく、道ばたに落ちていた縄を拾っては袂に入れていちいち自宅に持ち帰るのでした。立派な両親のもとで美しい家に住んでいる怜子は道に落ちている物を拾ったことなどないのです。拾った縄くずの束を抱えているとたまたま近所の人に出くわしてしまって真っ赤になりました。とっさに心の中で「マリアさま！」と叫びました。すると恥ずかしさが消えました。これは子供たちのためです。人からどう見られるか、どんな評判が立つかなどは重要ではないのです。

　数カ月間みんなで働いて集めたお金を小沢会長に渡してようやく長机を六つ用意してもらいました。子供たちは大喜びです。自主性と自信がついてきました。

　夏休みになると、海も山も見たことのないみんなのために、怜子は箱根旅行を計画しました。この旅は、作文などの宿題にも役立ちます。費用を捻出するために再び子供たちと一緒に廃品を回収することになりました。

　旅費を作るのは簡単ではありませんでしたが、八月十一日、ついに子供たちと怜子、そしてお手伝いの青年が一人同行して初めての箱根旅行が実現しました。

みんなの喜びようは大変なものでした。

初日の夕食では、うどんを茹でたことのなかった怜子が、水が沸騰する前に麺を入れたのでドロドロになってしまいました。仕方なくそのまま醤油と煮干しを入れて仕上げました。この「得体のしれない食事」（＊注6）には、みんなの楽しそうな笑い声が聞こえそうです。怜子にとっても何もかも初めてだったのです。楽しい箱根旅行は子供たちの一生の思い出になったでしょう。

しかし、秋になると怜子は体調を崩しました。十一月十八日には浅草教会にも行けないほど体力が落ちていました。

戦時中は中島飛行機工場で学徒動員されて労働しましたが、それを除けばこれまで比較的恵まれた生活でした。この一年間、朝早くから夜遅くまで毎日『街』に通う生活を続けたため、喜びでいっぱいであっても身体には無理がかかったのです。しばらくは自宅で療養しなくてはなりません。結核でした。

その年のクリスマスには少し元気を取り戻したので子供たちの様子を見に、母と一緒にお花をもって二階の礼拝所に寄りました。ちょうど浅草教会の神父様を中心にクリスマス行事が行われようとしているところでした。昨年、子供たちを率いてクリスマス会を準備したのは怜子です。お客さん同然の状態で行事に参加する気にはとうていなれませんでした。花を届け、少し祈った後は、なつかしい子供たちとゆっくり話すこともなく逃げるように部屋を出ました。怜子はしばらく鉄くずの山のある広場の陰にたたずんでいました。言いようのない淋しさに打ちひしがれ、何となく帯に着いたロザリオに触れると祈り始めました。

クリスマス会についてはあらかじめ松居から相談がありましたが「神父さまと松居に万事お願いします」と言っていたのです。しかし、本当は悔しさと寂しさがそう言わせたのです。「教会」は怜子が来てから建てられました。ここで子供たちと祈ったり、勉強したり、話し合いをさせたのは怜子です。この一年間、子供たちにとって良いと思ったことは何でも夢中になってしまいました。でも、自分がいなくても世話をする人は他にもいたのです。それは受け入れ難いことでした。

怜子は、ちょうどゼノ修道士が帰るところに出くわしました。

「オ嬢サン、キョウノアナタ、タイヘン淋シソウデスネ。何カアリマシタカ」。温かい言葉をかけられ、思わず涙を浮かべてありのままの気持ちを話しました。ゼノさんは黙って聞いてくれました。「アナタノキモチ、ヨク、ワカリマス」。そして「クルシイトキハ、コレデスヨ」とロザリオを高く掲げました。

神さまは様々な出来事を使って怜子を聖なる山に登る人（聖人）へと変えていきました。この一年間の自分自身をふり返り、「この教会を自分のもののように思って」（＊注7）いたこと、自分が中心にいなければ心穏やかでいられない我が身に気づきました。これは隠れた高慢です。怜子はそれを捨てようとします。

翌年の一月、松居に説得されて怜子は箱根に療養に行きました。「十字架に召される日を静かに待つような気持ち」（＊注8）でした。気はすすみませんが病気を早く治さなくてはなりません。これも神さまのお考えに沿う行いなのです。

箱根で療養していると山奥にまでアリの街の様子を伝えに来る人がいました。子供たちのために、怜子の代わりの新しい先生が来たというのです。若くて健康な女性のようでした。怜子はじっとしていられなくなり、わずか半年で自宅にもどりました。この頃ちょうど、義兄の病気のために、姉夫婦が一時的に店をたたむことになり、両親も怜子も他に移り住むことになりました。怜子は「神の御心を行なう時が来た」と考えてアリの街に住むことにしました。

しかし、実際に体験してみると生活のために廃品回収をすることがどれほど大変であるかが怜子にもようやくわかりました。友人への手紙にはこうあります。

私はアリの街へ行ってから、出来るだけ昔の「北原先生」ではなく、ただのバタヤになりきって働きたいと思いました。しかしいざとなってみると、ほんとうのバタヤになりきるということが、どんなに難しいことかということがしみじみとよく分かりました。お嬢さんとして車を引き、縄を拾い、紙くずを集めることはできても、（中略）自活するためにひとりで屑を拾って生活するということは、たいへんな努力を要することだということが、恥ずかしい話ですが、今分かったのです（＊注9）。

怜子が療養している間に子供たちの世話をしに来た女性は、「街」の青年と結婚することになりました。それを知った怜子は、この女性こそが「アリの街のマリア」（＊注10）ではないか、と考えました。

正直を申して、私が箱根から下りてきた理由の中で、佐野慶子さんに蟻の会を奪われたくないという気持ちがありました。それどころか、「蟻の街」の子供たちの指導は、私以外に誰にもできまいといううぬぼれさえあったのです。しかしほんとうにバタヤの街に飛び込むという意味では、私よりも私の代わりに来られた佐野慶子さんの方にもっとずっと真剣な激しいものがあったことに気がついた時、私は今迄の自分の気持ちがほんとうに恥ずかしくなりました（＊注11）。

怜子は苦しみ、祈り、ここを去る決心をしました。それが神の御心に適うことだと思ったからです。松居にその決意を述べると彼は驚きましたが、怜子にとってよいことならば、と受け入れました。別れに際し、「物質的な何ものも餞（はなむけ）できないが、何か望むものがあるならば言ってください」と言いました。怜子は率直に答えました。「それは松居先生の洗礼だけです」。

松居は「それは、あなたがすべてを捨てた時、当然履行する決心でした」と答えました。そして十月二十六日に洗礼を受けています。

その後、怜子は自宅へ戻って療養しましたが病気は一向によくならず、悪化するばかりでした。医者は、本人が望む場所へ行かせるのが一番よい治療だと勧めました。両親は死を覚悟しなければならない厳しい病状を理解しました。

怜子の切なる願い。それは愛おしくてならない子供たちのいるアリの街で暮らすことです。怜子が幸せでいられるのは「街」に住むことしかないのです。「怜子は病気が治っていないのですが、ご迷惑ではないでしょうか」。小沢会長と松居に相談すると会長は「北原先生はここでみんなのために無理をして病気になったんです。迷惑だなんて何を言うんですか。ぜひ来てください」と答えました。松居も同じ思いでした。

こうして怜子はふたたび愛する場所にもどることになったのです。部屋は「教会」に近い三畳間が与えられました。廃材のベニヤ板で出来ているので立て付けが悪く、玄関の戸を開け閉めするたびにガタガタと音がしました。怜子はここでほぼ寝ている毎日でしたが本当に幸福でした。初めてゼノさんに会った日に帯にロザリオをつけていたようにいつも祝別されたロザリオを持ち、絶え間なく祈りました。誰かが部屋を訪問すると布団にパッと手を入れて隠しましたが話を聞きながら祈り続けました。

怜子の笑顔と温かい言葉は一日の労働を終え、疲れて帰るみんなをいつも励ましました。このようにして暮らすうちに結核はやがて完治しました（＊注12）。

この頃「街」の住人は百五十人になっていました。共同食堂で女性たちが作った定食は、温かいお味噌汁や漬物がついて四十円です。駅弁よりも安いのです。一家族ごとに一日三円を事務所に支払うと積み立てられて光熱費や医療費が支払われます。病気やけがで病院に行くときは、「アリの街の住人」であることを証明するハンを事務所で押してもらうと浅草寺病院でお金を払わずにみてもらえました。事務所がまとめて支払うシステムになっていたのです。

生活には自由がありました。朝早く出る人、夜になって仕事に行く人とみな様々です。仲間として新しく「街」に入居するのも引っ越して出て行くのも自由です。でも、住み心地がいいので出て行く人はあまり多くありません。当時としては珍しく電気も引かれていました。また、物資のない時代であっても問屋街では縄や古紙が毎日大量に出ました。「アリの街」は問屋街に近く、廃品を回収する者にとってはとても便利な場所にあったのです。

怜子はこの時期に東京都に廃品回収業者の身分証明書を申請しています。日付は一九五六年（昭和三十一年）十一月二十九日～一九五七年（三十二年）十二月三十一日までとなっています。バタかごを背にした写真から愛らしい怜子の真剣な決意が見てとれます。「北原先生としてではなく、バタヤの一人としてアリの街に住みたい」かったのです。

しかし、怜子がするべき本当の仕事は別のことでした。松居と共に東京都にこの共同体が焼き払われないように願うことだったのです。状況は切迫していました。ゼノさんにアリの街を紹介された頃も都は立ち退きを通告していましたが、松居の思いつきで急きょ「教会」を建て、新聞に載って「街」は有名になりました。話題のアリの街の街をすぐに焼き払うわけにはいかなくなったのですが、都の考えは変わってはいませんでした。松居は代わりの土地を紹介してくれるなら移り住む、と嘆願書を出し続けました。

社会から「バタヤ」と見下げられても、自分たちで生計を立て、助け合って立派に生きている人たちなのです。赤ん坊や小さな子供もいます。何としてでも守らなければなりません。松居と怜子は毎日、命を削る思いで嘆願書を書き続けました。彼が書いた原稿を怜子が清書するのです。時には夜八時になると電気が消えます。二人はろうそくをつけて薄暗い中で必死に書き続けました。

それをそばで見ていたのは若い外側《とがわ》志津子でした。志津子は、怜子を初めて見た時から心惹かれ、彼女が亡くなるまでの六年間を「街」で共に暮らしました。主に事務所で仕事をしましたが、ほぼ毎日部屋を訪れていたと言います。彼女によると、大変な危険が迫っていることを怜子は住人にはみじんも見せず、不安にならないようにいつもにこにこしていました。

一九五七年（昭和三十二年）に都が出した案は、東京湾の八号埋め立て地の一部を二千五百万円で斡旋するというものでした。代金は一括で支払うのが条件でした。小沢会長は「千五百万円を五年でなら支払えるんだけどなぁ。一括ではとても無理だ」と肩を落としました。二人はいつものように怜子に祈りを頼みました。

怜子は「弐千五百萬円（二千五百万円）」と「不惜身命《ふしゃくしんみょう》」という字を書で記して枕元の左側、マリア像の横の壁に貼りました。「御心にかないますなら、この土地に移転することが出来ますように。そのために私の命をお捧げいたします」。祈りは怜子と神さまとの秘密でした。

松居が次の交渉に行く際に、怜子は子供たちの作文も載せた『アリの街の子供たち』といつも手にしているロザリオを持って行くように頼みました。

翌一九五八年（昭和三十三年）一月二十日、東京都はアリの街の要求をすべて認めました。不思議にも小沢会長がつぶやいた条件で転居が決定したのです。大喜びで帰ってきた松居は会長と怜子に報告しました。

「もう、これでいいんですね」「そうです。もう焼き払われる心配はなくなりました」松居も安堵したように静かに答えました。

怜子の健康は急速に悪化しました。母と姉が交代で見舞いにきましたが一月二三日、怜子は帰天しました。二十八歳でした（＊注13）。

その後、アリの街は八号埋め立て地へ転居しました。十字架のついた「教会」は一九六〇年に東京教区の正式な教会として認定され、新しいアリの街の敷地内に建ちました。現在の「カトリック潮見教会」です。

怜子の命と引き替えに「街」の人たちの生命が守られ、さらに、イエス・キリストの体である本当の教会が生まれたのです。

【聖書】「わたしは主のはしためです。お言葉通り、この身に成りますように」
（ルカ1章38節）

（注）第八話　アリの街のマリア、尊者・北原怜子

（＊注1）『蟻の街の子供たち』北原怜子著（聖母の騎士社）三六頁
（＊注2）『シリーズ福祉に生きる22　北原怜子』戸川志津子著（大空社）二三～二八頁
（＊注3）ご聖体を安置したカトリック教会ではないが、屋根に十字架を立てたこ　が新聞でも取り上げられ、「教会」と呼ばれた。
（＊注4）『蟻の街の子供たち』北原怜子著（聖母の騎士社）一〇七頁
（＊注5）同書　一四八～一五〇頁
（＊注6）同書　一八〇～一八二頁
（＊注7）同書　二四一頁
（＊注8）同書　二五五頁
（＊注9）同書　二六八～二六九頁
（＊注10）同書　二三七頁。子供たちとの箱根旅行が記事になり、こう書かれた。
（＊注11）同書　二七〇頁
（＊注12）『マリア怜子を偲びて』北原金司著（八重岳書房）二九七頁。

「数度にわたるレントゲン撮影の結果、侵されていた胸部疾患はまさに奇跡的にその痕跡も見えなくなり」とある。

（＊注13）同書二九七頁。

「強烈な新型の流行性感冒に見舞われ（中略）急性肺炎を誘発（中略）、母の看取りの前で、事切れとなった」とある。

第九話　聖マルガリータ・マリア・アラコック

イエスの「聖心《みこころ》の信心」を広めた聖マルガリータ・マリア・アラコック（一六四七年～一六九〇年）は、フランスのブルゴーニュ地方で生まれました。幼い頃からお祈りが好きで、遊んでいるときにそっと友達から離れて一人で祈ることもありました。家はもとは裕福でしたが、八歳の時に父を亡くし、十四歳まで修道会の寄宿舎で育ちました。

初聖体は九歳でした。この日に感じた神の深い愛と、大きな喜びは生涯忘れられませんでした。マルガリータは子供でしたが、ご聖体を拝領してからはそれまで好きだった遊びが急につまらなくなってしまいました。これは神さまに引き寄せられた人によく見られる変化です。この世が与えることの出来ない甘美な喜びは「キリストとの出会い」です。それを味わった人はほしいものが何もなくなります。

十二歳の時にマルガリータは激しい神経痛になりました。治療を受けても病は重くなるばかりでした。しかし彼女は、病気は霊魂の成長のために神が自分に送ったもの（＊注1）だと考えていたようです。健康だった時よりもよく祈り、聖書を黙想して神さまと以前よりももっと親しくなりました。十四歳になると家に帰って療養しましたが、その後の二年間は回復しませんでした。マルガリータは母と一緒に聖母に祈りました。「病気が治ったら、聖母の娘として修道院で生涯を捧げます」。祈りは応えられ病気は癒やされました。その後、いくつかの試練を乗り越えてようやく一六七一年に「聖母訪問修道会」に入会しました。

一六七三年十二月二十七日、マルガリータがご聖体の前で祈っていると、神がおられることをありありと感じました。彼女はこう語っています。「イエスさまは私を、たいへん長い間、ご自分の聖なる胸もとで休ませてくださいました。その胸元で私は、イエスさまのすばらしい愛の形とその聖心の愛の、なんとも説明しがたい神秘とを見いだしました。」（＊注2）

この日は使徒ヨハネの祝日です。ヨハネは十二使徒の中で最も若く純粋でイエスに愛されました。レオナルド・ダ・ビンチの「最後の晩餐」（＊注3）では女性のように美しく描かれている人です。この絵は、イエスが「あなた方のうちの一人がわたしを裏切ろうとしている」と言った直後、使徒たちが驚いて顔を見合わせている場面です。ヨハネはイエスの胸元によりかかって「主よ、それは誰ですか」と聞いています。二千年前のこの夜のことをイエスはマルガリータに思い起こさせました。

最後の晩餐のあと、イエスはゲッセマネの園で祈ります。今夜、ご自分が捕らえられる事、これから起きるご受難の数々をありありと知っておられる主は苦しみ悶えました。捕らえられた後、弟子がみな逃げてしまうことなど、何もかもすべてをわかっておられました。(ヨハネ13章ではペトロに裏切りの予告をしています。)悲しみと恐怖から、イエスは御父にこう祈っています。「父よ、出来る事なら、この杯をわたしから過ぎ去らせてください。しかし、わたしの願いどおりではなく、み心のままに」と。

先がわからない通常の人間の何倍も何千倍もイエスは苦しまれたのです。私たち人類の罪がイエスの上に重くのしかかりました。

イエスは、捕らえられる前に愛する弟子が共に祈り、慰めを与えてくれることを望みましたが弟子たちは眠っていました。

マルガリータに「聖心《みこころ》」(イエスの尊く美しいお気持ち)をお示しになったこの日、イエスは、毎木曜の夜十一時~十二時までゲッセマネでの苦悩を思い、罪びとのために祈るようにと願われました。また、毎月の最初の金曜日にご聖体拝領をすることも求めました（＊注4）。

一六七五年六月マルガリータは、再び、イエスの聖心を示されました。彼女はこう述べています。

「太陽よりも輝かしく、クリスタルガラスのように透きとおった炎の王座の中に、この神の聖心が現れ、私に示されました。聖心には、私たちがあがめるべき傷口があり、茨の輪がまかれていました。そして、その上には十字架が見えました。この十字架は、神様が受肉された（＊注5）瞬間から、（中略）そこに突き立てられています。（中略）人間になった神がその全生涯をとおして受ける苦しみの始まりの瞬間から、彼の心が、恥辱や貧しさ、痛み、さげすみからくる苦悩で満たされていたことを私は見て取りました」（＊注6）

マルガリータがご聖体の前でイエスから示されたことに思いをはせて祈っていると、「神の愛に、自分も愛で応えたい」という望みが湧き起こりました。そのとき、イエスの声が聞こえました。イエスは聖心を表してこう言われたのです。

「ごらんなさい。これほど人々を愛したこの心を。この愛の苦痛を偲《しの》んだこの心を。それなのに、大多数の人々はこの愛に対して、冷淡と忘恩をもって報いるのです」（＊注7）

このことから神であるイエスのお心がわたしたちの不信頼や無関心にどれほど「傷つくか」を知らされます。私たちの想像とは違う真実を教えられるのです。真の神は人の愛に渇き、ご自分の愛を受け取ることを望まれます。イエスは私たちを愛するあまり人となられたのですから。イエスはたびたびご自分のお体（ご聖体）を拝領することを望まれています。

この啓示で、イエスはご自分のお望みをマルガリータにおっしゃいました。

「私は『聖体の祝日』後の最初の金曜を私の「聖心」に栄誉を与えるために捧げる祝日にすることをあなたにお願いしているのです。（中略）これまでに聖心が受けてきた屈辱を償うために、聖体を拝領してほしいと思います。私は、この方法で、聖心の名誉を回復してくれる人の上に神の愛の豊かな恵みが施されるように、私の聖心を愛で満たしておくことを約束します」。（初金曜のミサを九ヶ月間続ける人にはさまざまな恵みの約束をした。よく準備して臨終を迎える恵みもその一つ）しかし、マルガリータはこの使命を辞退しようとしました。あまりにも自分は小さい者で、これほど大きな使命を果たすことはできないと思ったからです。

しかし、イエスはおっしゃいます。「最も小さくて最も心の貧しい者の上に、大きなわたしの力を示すのはあたりまえのことです」。マルガリータは引き受けることにしました。その後、よき理解者となるクロード・ラ・コロンビエール神父（イエズス会）の協力が得られました。彼は大変な苦難にあいましたが屈せずに神の愛に信頼し、「聖心の信心」を全世界に広めました（＊注8）。

イエスの「聖心」が示されたのは、当時まん延していたヤンセニズム（＊注9）という間違った教えを滅ぼすためでもありました。ヤンセンが主張していた神は、厳しく愛のない裁判官のような神です。人間はご聖体を拝領する価値がないとして、人々をご聖体から遠ざけていたのです。

教皇ピオ九世は全世界の教会に一八五六年八月に「聖心の祭日」を制定すると表明しました。マルガリータの記念日は十月十六日です。

【聖書】「わたしは死ぬばかりに悲しい。ここを離れず、私と共に目を覚ましていなさい。」

（マタイ福音26章38節）

（注）　第九話　聖マルガリータ・マリア・アラコック

（＊注1）他の苦しみもこのように解釈した。マルガリータは、父が亡くなった後、叔父の家族と暮らしたが、家の権利について問題が起きていた。同居していた親戚が部屋に鍵をかけたため、マルガリータは着替えられず、ミサに行くこともできなかった。後に彼女はこの苦しみを、「自分の心を鍛えるために神が与えた苦難」と解釈し、苦しみを与えた親戚を「私の魂の恩人」と呼んだ。

（＊注2）『み心の信心のすすめ』（ドン・ボスコ社）二二頁

（＊注3）ヨハネ福音一三章二一節

（＊注4）月の最初の金曜のミサは「初金曜日の信心」と呼ばれている。

（＊注5）「神が受肉された」という表現は、神が人となられたこと。イエス・キリストを指す。

（＊注6）『み心の信心のすすめ』（ドン・ボスコ社）三九～四〇頁

（＊注7）『ミサの前に読む聖人伝』C・バリョヌェボ著（サンパウロ）二八九頁

（＊注8）多くの修道院、学校、病院が教会などが「聖心」に捧げられている。イエスは聖心のご絵の飾られている場所を祝福する約束をされた。

（＊注9）ヤンセンは、神は愛するよりも恐れるべき方であると唱え、「厳しい神」、「愛のない神」を広めた。また、人は聖体を拝領する資格がないとして、ご聖体から遠ざけた。この考えは後にキリストの教えではなく「異端」として公に斥けられた。

第十話　聖ヨハネ・マリア・ヴィアンネ

聖ヨハネ・マリア・ヴィアンネ（一七八六年～一八五九年）は、フランス革命の三年前に、リヨン教区のダルディリーという村で生まれた人です。家は貧しい農家で、彼は六人兄弟の四番目でした。

今では世界中の人から「司祭の模範」と呼ばれている聖人ですが、その道のりはとても険しいものでした。ヴィアンネは、十八歳の時に司祭になりたいと父に願いましたが、経済的な余裕がないために許されませんでした。二十歳になってようやく神学校に入学しましたが、それまで学校教育を受けたことのない彼にとって勉強は恐ろしく困難なものでした。ラテン語もスコラ哲学も、どれほど睡眠を削って人の二倍、三倍と勉強し、苦しみに耐えても成果が上がらないのです。あまりにも物覚えの悪いヴィアンネは、司祭になることをあきらめなくてはならないのでは、と何度も悩みました。

他方、勉強以外のことは素晴らしい素質を見せていました。よく祈る、大変謙虚な人柄だったのです。そのおかげで最終口頭試問をラテン語ではなく母国語のフランス語で受けることが許されて合格しました。一八一五年八月、ヴィアンネはついに司祭に叙階されました。

ヴィアンネはますます謙遜になり、自分の力には頼らず、神により頼む人になりました。苦難は彼の魂を一そう清めたのです。

一八一八年にアルスという村に主任司祭（＝神父）として赴任しましたが、すでにこの時、大変厳しい生活を身につけていました。毎日、ジャガイモ料理と固いパンを食べ、わらをしいたベッドで三〜四時間の短い睡眠をとったあとは絶えまなく祈りました。神から離れた人たちが神を愛するようになるためでした。ヴィアンネの熱い思いが犠牲的な生活となったのです。

ヴィアンネがミサで説教をすると聞く人は胸を打たれました。彼の話は易しく、誰にでも理解できました。悪魔は彼をののしり、「おまえはなぜ都会の神父のように、難しい説教をしないんだ。みんなが回心してしまう」と怒りました。

それまでアルスの村人たちは、日曜も平気でミサを休み、（当時のフランス人は、みなカトリックです）昼間から居酒屋に行く人も大勢いました。フランス革命のときに教会は弾圧され、司祭や修道者が殺されました。信仰が圧迫された影響が強く残っていたのです。しかし、ヴィアンネが赴任してから村人の様子はどんどん変わりました。日曜のミサに行く人が増え、夕方の「ロザリオの祈り」にも参加するようになりました。何よりも、村人たちは「ゆるしの秘跡」（＊注1）にあずかるようになったのです。

ヴィアンネは、非常に謙遜な人でしたから、神さまから多くの賜物（恵み、霊的な力）をいただいていました。彼のもとに来た人々の過去を知る賜物もその一つでした。本人が隠している重大な罪を知ることもありました。ヴィアンネは罪を悔いている人には前進できるように優しく指導しましたが、真剣に罪を悔いていない人には本人のために厳しい指摘をしました。

やがて、彼に罪を告白して助言を受けようと近隣の村から多くの人がアルスを訪れました。その数は年々増えていき、亡くなる前年の一八五八年には、十万人がヴィアンネのもとを訪れています。全ヨーロッパにまで評判が広まったからです。ヴィアンネは告白を聞き、罪の許しを与えるために暑い夏も寒さに凍える冬も、狭い告解室で一日の大半を過ごしました。日に十八時間も告解室にいたと言われています。

しかし、悪魔も黙ってはいません。罪の告白や、回心ほど悪魔が嫌うものはないのです。ヴィアンネのわずかな睡眠時間に悪魔はたびたび邪魔をしにきました。ベッドに火をつけることもありました。しかし、このような目立った邪魔がある時、ヴィアンネは喜びました。それは、神の力が人々に働いている「よい印」だからです。「ああ、明日は、大きな罪を犯した人が回心し、ここに来るにちがいない。大漁だ」と言ったのです。

マルコ福音書一章二十一～三十四節を読んでみましょう。

悪魔は、「ナザレのイエス、かまわないでくれ。我々を滅ぼしに来たのか。正体はわかっている。神の聖者だ」（24節）と一人の男の口を借りて述べています。また「悪霊はイエスを知っていたからである」（34節）とあります。人間にとっては漠然としている神の聖性を悪魔はありありと知り、恐れているのです。

神は悪をお造りになりません。悪魔は初め天使でした。天使も人間のように自由意志が与えられているので、ある天使は神に背いて悪魔になってしまったのです。悪魔はいつも人を憎んでいます。ヴィアンネのように、自分を犠牲にしてまでも人を神に近づけようとする聖人を妨害し、人を神から遠ざけようとするのが彼らの目的です。他の聖人たちの生涯にもこのような例を見ることが出来ます。

さて、彼は協力者と共に孤児院を作り、子供たちを預かっていましたが、パンが足りないことがたびたびありました。ある日、周囲に誰もいないことを確かめてからそっと祈ると、小麦が倉庫いっぱいになりました。別の時には、小さなパンが一つ作れるくらいのわずかな小麦しかありませんでしたが、ヴィアンネは祈り、料理人がいつものように小麦に水を足してこねました。いくらこねても固いので、再び水を注ぎました。今度は柔らかすぎるので小麦を入れる……。このように何度もくり返すうちに、いつのまにか大きなパンが焼きあがりました。ヴィアンネは人に知られないように隠していましたが、奇跡がおきたのです。この二つのエピソードは、イエスがパンを増やした奇跡を連想させます。しかし、イエスもこの聖なる司祭も自分のためには奇跡を求めませんでした。

ヴィアンネは、一九二五年に、教皇ピオ十一世によって聖人の列に加えられました。その四年後には全世界の小教区の司祭の「保護の聖人」として宣言されました。記念日は、八月四日です。

【聖書】「心を尽くし、精神を尽くし、思いを尽くし、あなたの神である主を愛しなさい。」

（マタイ22章37節）

（注）第十話　聖ヨハネ・マリア・ヴィアンネ

（＊注1）「ゆるしの秘跡」は、信徒が犯した罪を司祭に告白し、神に許していただくこと。殺人などの重大な罪（大罪）はすべて告白する。

第十一話　アシジの聖フランシスコ（1）

中世の人で「第二のキリスト」と呼ばれた聖人がいます。イタリアのアシジで生まれた聖フランシスコ（一一八一年～一二二六年）です。現在の（二〇一八年）教皇様のお名前です。

フランシスコは裕福な商家に生まれました。彼は陽気でパーティー好きな若者でした。友人に囲まれて毎日お金を贅沢に使ってもなんとも思いませんでした。しかし、貧しい人には親切で、物乞いに来る人には寛大に必要なものを与えました。仕事で忙しい時に、家に来た人に施しをせずに帰してしまった時は、あとでひどく後悔して苦しみました。また、どんなに羽目を外して友人と遊んでも異性とのかかわりをもたず、これについては、言葉においても罪を犯しませんでした（＊注1）。

当時のイタリアはまだ統一されていなかったので、地方同士で小さな戦争がよくありました。フランシスコは戦争で手柄を立てたいという野心をもち、二十一歳の時にペルージアに出征したのです。その結果、捕虜となって一年間投獄されましたが、父親の資金で釈放されて帰ることが出来ました。

一二〇四年、二十三歳の時にフランシスコは重い病気になりました。この時にようやく神に心を向けるのですが、すぐには回心しませんでした。彼はまだ貴族の出陣のお供をすることを素晴らしいと感じていました。翌年、アプーリアに出陣するために高価な武具を整え、意気揚々と出発すると神さまは、またフランシスコの心をノックしました。スポレートという町で熱病にかかってしまったのです。彼は寝込み、そこで神様の声を聞きます。「フランシスコ、主人と召使いはどちらが大切か」。フランシスコは「主人です」と答えました。すると声は「では、なぜ召使のために主人を捨てるのか」と言うのでその声が神様だとわかりました。「主よ、私が何をするのをお望みですか」と尋ねると、声は「故郷に帰りなさい。そこでなすべきことは示される」と言いました。フランシスコは、がっかりしてとぼとぼとアシジに帰りました（＊注2）。

神様の声を聞いたフランシスコでしたが、まだ曖昧な生活を続けていました。一人になって祈り、自分の使命を探したい、と思いながらも今まで通りの贅沢な暮らしを続けていたのです。友人の前では以前と同じ陽気なフランシスコを演じていました。気持ちが定まらないまま友人と遊び暮らす生活が始まりました。

一二〇五年の夏、あるパーティーの帰り道のことでした。友人たちは大喜びで歌いながら歩いていました。フランシスコはみんなと少し離れ、黙って遅れがちに歩いていました。空しさに襲われていたのです。そのうちに皆との距離はますます開き、たった一人で広場に取り残されました。するとその時、不思議な方法で主が彼の元を訪れました。彼はしばらくの間、恍惚としていたようです。彼を探しにきた友人が「おい、フランシスコ、何をぼんやりしてるんだ。結婚のことでも考えているのかい」と聞くと、やっとわれに返り、「そうだよ。僕は今度結婚するんだ。彼女はどんな人よりも気高くてきれいなんだ！」と答えました（＊注3）。

フランシスコが言う女性とは「清貧」のことでした。この体験の後、彼はもう二度と今までのような生活をしませんでした。神さまが、彼の生き方がいかに空しいものであるかを悟らせ、真実の生き方の素晴らしさを感じさせてくださったからです。

彼は徹底的に貧しい生活を選びました。それは、イエス＝キリストが私たちを豊かにするために、神である身分を捨てて「人」となられたからです。

イエスの貧しさは、聖書にこう記されています。「主は豊かであったのに、あなたがたのために貧しくなられた。それは、主の貧しさによって、あなた方が豊かになるためだったのです」。この言葉を詳しく見ていきましょう。

「主は豊かであった」とは、神が宇宙万物とあらゆる生命を創造された方であること、死や罪とは全く無縁で、永遠に生きておられる方だということです。また、神は愛そのものですから喜びに満ちあふれた方です。このような豊かさに満たされた神が、私たちのために貧しくなってくださいました。飢え、渇き、疲れや肉体の痛み、死など限界のある「人」となってくださったのです。

イエスがお生まれになったのは、貧しい馬小屋（当時は洞窟）でした。家畜の匂いのする不潔な場所です。エサ入れの「飼い葉おけ」が幼子のベッドでした。貧しい人、心痛む人、過酷な労働に耐える羊飼いや弱い人、幼子などが近づけるお姿でした。

また、イエスは、三十年間、ヨセフの子ども、平凡な一人の青年として両親に仕えておられました。三十歳からの三年間は「枕するところもない」（＊注4）生活をなさりながら、神の国について語り、病の癒しなどの奇跡を行いました。最後は、罪と最も遠い方、一つの罪もない方が死刑囚として最悪の十字架刑に処せられました。これによって、私たちが自分では決して償いきれない罪（人類全体の悪）を代わりに償ってくださったのです。だから、イエスはもっとも苦しいことを引き受けて貧しくなられ、貧しい私たちは、イエスによって無償で罪を許され、最もすばらしい〝神の子〟の資格を取り戻していただいたのです。この愛をフランシスコは知りました。神の愛を注がれた彼は、歓喜に満ちて他に何もいらないと思ったのです。フランシスコは、祈れば祈るほどイエスの愛に触れ、イエスのお心を知り、イエスに近づいたのです。フランシスコは、わざわざ貧しさを選んだのではなく、神で満たされていたために、自然にすべてから手を離していったのでしょう。

【聖書】「主は豊かであったのに、あなたがたのために貧しくなられた。それは、主の貧しさによって、あなた方が豊かになるためだったのです」

（コリントの信徒への手紙Ⅱ、八章九節）

（注）　第十一話　アシジの聖フランシスコ（1）

（＊注1）Ｊ・Ｊ・ヨルゲンセン著『アシジの聖フランシスコ』二二頁
彼は、修道者となって「貞潔の誓願」をたてる前から貞潔に生きていた。
（＊注2）Ｊ・Ｊ・ヨルゲンセン著『アシジの聖フランシスコ』二九〜三〇頁
（＊注3）同書三二頁。
（＊注4）マタイ八章二〇節。決まった家がないということ。

第十二話　アシジの聖フランシスコ（2）

「主よ、私はどうすればいいのですか」。フランシスコは司祭館のそばにある岩穴で、毎日祈り、断食しました。神さまが何を望んでおられるのかを知りたかったのです。

一二〇六年、彼は教会でようやく神さまの声を聞きました。「フランシスコ、わたしの家を建て直しなさい。崩れかかったわたしの家を」。彼は喜びに満たされました。祈りに訪れたサン・ダミアノ教会はぼろぼろで崩れかかっています。これを建て直すのが神のお望みだと思ったのです。「主よ、喜んで致します」。

教会を修復するまでにはたくさんの困難がありました。フランシスコは、まず父と決別し、家を出ました。彼には商家をつぎ、お金を稼いで贅沢を楽しむ気持ちはもうありませんでした。父親もフランシスコが突然変わってしまったことを理解できず、腹を立てていました。神のために何もかも捨ててしまった彼を、父親はみんなの前で勘当しました。フランシスコは着ていた服を父に返し、ぼろ布を身にまといました。

それからは祈りとミサを中心に暮らし始めました。家々を回り、福音書を解き明かす説教をして、代わりにわずかな食料をもらうのです。教会修復のために使う石も寄付してくれるように願いました。彼は以前よりも貧しくなったのに、これまで感じたことのない大きな喜びを味わっていました。空の鳥のように、神様がくださるものだけで満足して生きることは、なんと自由なすばらしい生き方でしょうか。思い煩いのかけらもありません。フランシスコは嬉しくてたまりませんでした。

しかし、彼がサン・ダミアノ教会で聞いた神の言葉を本当に理解できたのはずっと後のことでした。神さまがフランシスコに望んでいたのは、教会を修復することではなく、教会の内部（精神）を立て直すことだったのです。「私の家、教会」とは、キリストを救い主として信じる人たちの集まりのことです。神さまは、フランシスコが気付くまでは見守っていました。人間は、神のお望みを一ぺんに理解することができません。わかったことを果たしながら、徐々に理解を深めていくのです。

お金持ちなのに家を出て、教会を修復しているフランシスコを見て、周囲の人たちは、彼は頭がおかしくなったと考えました。しかし、自由と喜びにあふれた姿は本物の幸福をみつけたことを表していたので、多くの青年がフランシスコに惹かれて集まってきました。神に身を捧げる人たちが十二人になった時、フランシスコは教皇様の認可を得て、正式に「小さい兄弟会」という修道会にしました。後に「フランシスコ会」と呼ばれ、世界最大の修道会になります。

フランシスコの生き方はイエスさまにそっくりです。彼は「喜びの聖人」と呼ばれています。聖書を読み、イエスさまのご生涯を思いめぐらすといつもそのお心の美しさに触れて感動しました。そして、私たちに命をかけて愛してくださっているイエスさまが、ごくわずかな人にしか愛されていないことを考えて悲しみの涙もたくさん流しました。「愛（愛そのものであるお方）が、愛されていない」と。

回心したばかりの頃は、フランシスコにも自己に打ち勝たなければならないことがたくさんありました。その一つはハンセン病にかかった人たちに接することでした。彼らに会うと、患者の匂いや、恐ろしい形相にいつも顔を背けてしまうのです。しかしある日、「この人もイエスに愛されている兄弟なのだ」と思い、フランシスコは嫌気に打ち勝って病者の手に接吻をしました。それ以来恐れずに彼らの傷の手当が出来るようになりました。

　また、フランシスコは人に対してするように狼や小鳥や魚にも神さまの愛をたたえるように話しました。動物たちは、皆おとなしくフランシスコの話を聞き、すべてを理解したように喜んでいました。小鳥たちはさえずるのを止めて静かに話に聞き入りました。

　グッビオというある町の狼に説教をしたことは有名です。この狼は家畜を襲うだけでなく、人間までも襲うので村人は狼を殺そうとしていました。これを聞いたフランシスコは、十字のしるしをして狼に近づきました。飛びかかろうとした狼は、彼が「兄弟、狼よ」と語りかけるとすっかり静かになりました。彼は狼にこれまでの悪さを悔いるようにさとし、二度と悪いことをしないなら村人が食物を与えるが、約束を守れるか、と念を押しました。狼はまるで小羊のようにおとなしくなってフランシスコと約束をしました。それ以後、与えられる食事をとり、死ぬまで決して悪さをしなかったそうです。その町にはフランシスコが狼に話かけている像があります。

　彼は、太陽や月、大地、水、火、そして、死までも「兄弟、姉妹」と呼びましたから、動物たちにも同じ神に造られた兄弟として話しかけたのでしょう。動物は澄んだ心をもっているのでフランシスコの言うことがみんな分かったのです。神に造られたすべての存在を喜ぶ歌、「太陽の賛歌」と「平和を求める祈り」はいまも多くの人に愛されています。

フランシスコの記念日は十月四日です。

【聖書】イエスは目を上げ弟子たちを見て言われた。「貧しい人々は幸いである、神の国はあなた方のものである」

（ルカ6章20節）

第十三話　福者・ユスト高山右近

ユスト高山右近（一五五二年～一六一五年）は戦国時代のキリシタン大名です。十二歳で洗礼を受け、のちに織田信長、豊臣秀吉に仕えました。剣術、弓術、槍術、騎馬の訓練を受け、修身、歴史、文学、習字を学び、詩歌、音楽、茶の湯をたしなみました。豊かな教養と落ち着いた性質、信念を守る高潔な人柄、誠実さ、死をも恐れない勇気をもち合わせていました。右近は父親のダリオ高山飛騨守《ひだのかみ》（右近の前年に受洗）と共に多くのキリシタンに尊敬されていました。

織田信長は、当時日本に来ていた宣教師（パードレ）の裏表のない生き方を知って感嘆し、土地を与えて自由に宣教することを許していました。右近父子は、今の近畿地方の一部（当時は五畿と呼ばれた）で何万人もの人を信仰に導きました。その方法は、主に宣教師の優れた説教を聞かせることでした。初めて聞く神の教えに、日本人は多くの疑問を抱きます。それを宣教師に直接質問し説明を受けて理解させる。このような機会を何度も与えられるうちに、人々は心から納得して信仰を得ていきました。一五七七年には四千人の領民が洗礼を受けました。右近父子はその年の復活祭を教会で盛大に行なって信仰の喜びを表明したと記録されています。

翌年、二十五歳の右近は、人生において最初の大きな試練にあいました。「荒木村重《あらきむらしげ》事件」です。

右近と父親は荒木村重《あらきむらしげ》の家臣でした。村重の主君は織田信長ですので、右近父子にとっても信長は、より上位の主君にあたります。

一五七八年に村重は信長に謀反を起こしました。村重が実行に移す前に、右近は、信長への謀反は無謀な行いであること、人民にも被害が及ぶことを幾度も丁寧に述べました。その言葉に偽りや他の意図がないことを示すため、実の妹と幼い息子を人質として村重に差し出しました。村重はこの意見に感動し、計画を取りやめようとするのですが、右近を中傷する者が表れたために考えを変え、実行に移してしまいました。父、ダリオ飛騨守は村重側につきました。

右近は高槻城（現在の大阪）の城主でした。信長は、京都と大阪を結ぶ交通の要所である高槻城を明け渡すように迫ります。右近が信長につけば人質にした妹と長男は村重に殺されます。信長に反対すれば、教会は破壊され、宣教師たちと家臣が殺されます。右近はキリシタン武士と家族にも祈るように言い、城内の聖堂にこもって深く祈りました。打開策はなかなか見つかりません。どちらにつくのかと信長側からも、教会からも急かされましたが、十日間以上祈り続けてたどり着いた答えは、髪を剃り落し、刀をすべて捨て、白い着物を着て信長のもとへ行くことでした。武士の身分を捨てる代わりに、人質も、宣教師も、教会も守ってもらうよう信長に願うことにしたのです。願いがかなえられた後は城を父に任せ、残りの生涯を教会に奉仕して生きるつもりでした。しかし、この決意がどう判断されるかはわかりませんでした。殺されるだけでなく、多くの犠牲者が出るかもしれません。

　幸いにも信長はこの選択を好意的に受け止め、装具と武器を与えて自分に仕えるように命じました。こうして右近の親族も、教会の人々も誰一人命を落とすことがなく、高槻城を明け渡すことができました。右近が祈り、神から得た知恵で自分を捨てたことで皆が救われました。しかし、謀反人の村重と家族、彼に関係のある多くの人は処刑されました。右近の父ダリオは監禁されましたが命までは奪われませんでした。この事件は、彼が祈りによって行動を決めた最初の出来事だと言われています。

戦国時代の武士は、主君から裏切ったと思われれば切腹を命じられました。キリシタンにとって切腹は決してしてはいけない「自殺」です。右近にはあらゆる危険な可能性がありました。祈り、神に自分の人生をまったく委ね、差し出したことで、人間には思いつかない知恵に満ちた答えを受けたのです。

信長が本能寺の変（一五八二年）で亡くなると、豊臣秀吉の時代に入ります。秀吉は一五八七年に「バテレン追放令」を出してキリスト教徒を迫害しました。右近にも信仰を捨てるように迫りますが、右近は断りました。そのため、亡くなるまでの二十八年間、追放の身となりました。右近は初めに小西行長によって小豆島にかくまわれますが、その後は金沢に移り住みます。右近の影響で金沢の教会は大きく発展します。

晩年は家康の命令で長崎に追放されました。金沢から追い出されたのは雪深い二月でした。幼い孫や子供、妻と歩いて山越えをし、大阪で命令を待ちました。金沢を出てから七ヵ月後にようやくマニラへの出国を命じられ、一六一四年十一月十四日、古い小型船で出港しました。船は狭く、追放者たちがたくさん詰め込まれたので死を意識するほどのひどい旅でした。多くの人は病気になり四人の死者が出ました（＊注1）。

右近は身分も、領地も、落ち着いた暮らしも捨ててキリストに従いました。しかし、そうすればするほど周囲に光を放ったのです。彼が追放された土地にはいつも新たな教会が建てられ、多くの信徒が生まれました。安土では神学校を建て、貧しい人、孤児、身寄りのない人に惜しみない援助を与え、最下層の死者の棺を自ら担ぎ、葬りました。死者の葬りは身分の高い人が決してしないことでしたので周囲は目を見張りました（＊注2）。彼の生き生きとした信仰がそうさせたのです。

一六一四年、マニラでは、日本の名高い聖人が到着したと大歓迎を受けましたが、すでに老境に入っていた右近は四十日目に病に倒れました。そして翌年の二月三日～四日にかけて真夜中に息を引き取ってしまいました。金沢から長崎までの長い旅、マニラまでの苦しい船旅に力を使い果たしたためでした。

右近が亡くなるとマニラ市民は深く悲しみました。彼がキリストのために追放され、聖なる生涯を神さまに返したことを知っていたからです。葬儀は盛大に行なわれ、ご遺体はサンタ・アンナ教会に葬られました。

右近は最初の殉教者である「日本二十六聖人」のリストに入っていたと言われています。石田三成によってリストから外されましたが、その生涯は実に「長い殉教」だったのです。

【聖書】「キリストは、神の身分でありながら、神と等しい者であることに固執しようとは思わず、かえって自分を無にして、僕《しもべ》の身分になり、人間と同じ者になられました。（中略）へりくだって、死にいたるまで、それも十字架の死に至るまで従順でした」

（フィリピの信徒への手紙2章6～8節）

（注）第十三話　福者・ユスト高山右近

（＊注1）『高山右近の生涯』ヨハネス・ラウレス著（聖母文庫）五九七頁

（＊注2）同書　一四二～一四三頁

第三章　神の愛の贈りもの

一、信仰の書としての聖書

世界で最初に活版印刷を発明したのはドイツのグーテンベルク（一三九八年頃～一四六八年）です。彼は、「聖書」を多くの人に読んでもらいたいと願って印刷技術とインクを発明したと言われています。ですから人類史上初めて印刷された本は「聖書」です。

聖書はこの二千年間読みつがれてきたロングセラーであり、ベストセラーでもあります。二千以上の言語に訳され、これまでに五十～八十億冊以上も印刷され続けています。

聖書をイスラエル人（新約聖書ではユダヤ人）の文学書として読む人もいますが、本来の意図にあうのは「信仰の書」として読むことです。

聖書は実に多くの人の手で書かれましたが、著者は人ではなく、「聖霊（神の霊）」です。人が神さまに示され、教えられたことを書いた本だからです。神の思いが込められている聖書は他の本とは違い、神の語りかけに耳を傾けようとして祈る心で読む本です。

旧約聖書は、イエス・キリストが現れる前にできた書です。文学、歴史、預言書、詩、ことわざ、教訓など様々なジャンルの四十六の読み物の合本です。

新約聖書は、全部で二十七の本からできています。そこには、イエスの生涯について書かれた四つの「福音書」、弟子たちがイエスの教えを命がけで述べ伝えた様子が書かれた「使徒言行録」、そして、生まれたてのキリスト教会に向けて書いた弟子たちの書簡などがあります。最も多いのはパウロという人が書いた手紙ですが、彼は熱心なユダヤ教徒でキリスト教徒を迫害していた人でした。しかし、復活したイエスに出会って弟子になったのです。（使徒言行録九章参照）。パウロは、ユダヤ人以外の人にもわかるようにイエスの教えやイエスのご生涯のほんとうの意味を説明しています。

キリスト教徒が「聖書」と言うときは新旧両聖書を指します。旧約聖書は過ぎ去ったことが書かれた書物ではなく、新約聖書を理解するために欠かせない本です。たとえば、イザヤ書五十三章や六十一章にある預言は、イエス・キリストにおいて現実のものとなりました。旧約聖書は今も生き生きとした輝きを放ち、新約聖書の土台となっています。

聖書は神さまからの手紙です。くり返し読むうちに、その清らかな愛を実感できるようになるでしょう。さらに聖書は、読み、味わうことで私たちを変える力を持っています。

二、人は神に似せて造られた

旧約聖書の「創世記」一章～十一章は、たとえ話が用いられています。神さまと人とのかかわりを文学で伝えているのです。この時代の人たちには、現代の科学や天文学の知識はありません。ただ神から教えられた「真実」を可能なかぎり、工夫をこらして表現したのです。私たちは、聖書記者が何を伝えようとしているかを探ることが大切です。

全世界は神によって造られました。神さまは、人が生きていくことができるように初めに環境を整えてくださいました。光と闇、空、大地、海、植物、太陽、月、魚、動物、は虫類を造りあげてから人間をお造りになったのです。この順序は私たちが読んでも理にかなっています。

神さまはご自分が造られたすべてのものをご覧になって「極めて良かった」と満足されました。人が造られた様子はこう書かれています。

主なる神は、土（アダマ）の塵で人（アダム）を形づくり、その鼻に命の息を吹きいれられた。人はこうして生きるものとなった。（2章7節）

神が人を「土の塵」で造ったとは、人の体が物質でできているということでしょう。「土の塵」はもろさも表しています。
人間を造るとき、神さまは、他のものをお造りになるときにはしていない特別なことをなさっています。人の鼻に「神のいのち（神の霊）」を吹きいれています。人は、最初から神さまのいのちを受け「生きるもの」となりました。人間は「見える体」と「見えない霊」でできた存在です。

神は御自分にかたどって人を創造された。
男と女に創造された。（1章27節）

神さまが人をご自分に「かたどった」ので人は神に似ています。それはクッキーのように型をとったという意味ではなく、最も美しく尊い部分、目には見えない心の奥底を神に似せたということです。神さまが永遠の昔からおられ、これからもずっとおられるように、人も、死によって体は滅びても霊は永遠に存在します。私たちはみな神さまの子どもですから永遠に生きるのです。人間の価値は、一流大学を出たとかお金持ちだとかいう小さな条件にはないのです。私たち人間の価値は、永遠になくならない霊の部分です。

人間には他の動物にはない「知恵」と「自由」が与えられました。聖書には、人が神さまと語りあう場面があちこちにあります。天地を造った神さまと、造られた人間には大きな違いがありますが、まるでお父さんと子どもが話すように神は人の言葉をお聞きになります。神と人は対話しあえるのです。それは今も変りません。神と人との対話を「祈り」といいます。神はこれほど優れたものとして人間をお造りになりました。

神さまは、アダムに美しい楽園を見せて園のどの木の実も食べていいが「善悪の知識の木」からだけはいけない、食べると死んでしまうから、とおっしゃいました。しかし、ある日、エバは蛇の姿で表れた悪魔にそそのかされて約束を破ってしまいます。アダムも木の実を食べました。人が初めて神に背いた出来事です（＊注1）。

それまでは神さまと人間のあいだには何も隠し立てするものはなく、美しい調和が保たれていました。人と自然も調和していました。楽園には罪がないので害を与えるものも苦しみも死もありません。神さまは善いお方ですから善いもの、喜ばしいものしかお造りにならなかったのです。しかし、人が罪を選んでしまったので調和がくずれました。罪を犯した後、神さまから呼ばれたアダムは隠れています。恐れが生まれ、神さまとの間に隔りができてしまいました。アダムは子孫に受け継ぐべき素晴らしい聖性（神さまの清い性質）の恵みを失いました。霊魂に傷を受け、最初に造られたときよりも弱くなったのです。しかし、神さまはすぐに「救い主」を送ることを計画されます。その方が悪に勝利することは3章にあります。

（蛇にむかって）「お前と女、お前の子孫と女の子孫との間にわたしは敵意を置く。彼はお前の頭を砕き、お前は彼のかかとを砕く。」

（3章15節）

「彼」とは救い主のことです。彼は屈辱に満ちた死によって私たちの罪をすべてあがなってくださるのです。

【聖書】創世記一章～三章

（＊注1）これを原罪という。

三、信仰の父、アブラハム

旧約聖書には多くの人が登場しますが、「信仰の父」と呼ばれるのはアブラハムです。アブラハムは最初、アブラムという名でした。彼は七十五歳の時、神さまに呼ばれました。

「あなたは生まれ故郷、
父の家を離れて
わたしが示す地に行きなさい。
わたしはあなたを大いなる国民にし
あなたを祝福し、あなたの名を高める
祝福の源となるように。」

（創世記12章1〜2節）

神の言葉に従って、アブラムは行き先も知らずに旅立ちました。ある星の美しい夜、アブラムは神さまの声を聞きました。

「恐れるな、アブラムよ。
わたしはあなたの盾である。
あなたの受ける報いは非常に大きいであろう。」
（創世記15章1節）

アブラムは、たくさんの財産や召使いに囲まれていましたが、それを受け継ぐ我が子がいません。当時、子供がいないことは神さまの祝福がないと思われていましたので彼は悲しい気持ちでした。アブラムは言いました。

「わが神、主よ。わたしに何をくださるというのですか。わたしには子供がありません。家を継ぐのはダマスコのエリエゼルです。」

すると神さまはおっしゃいました。

「そのものが後を継ぐのではなく、あなたから生まれる者が後を継ぐ」

アブラムは神さまに呼ばれて外に出ました。

「天を仰いで、星を数えることができるなら、数えてみるがよい。（中略）あなたの子孫はこのようになる」　（創世記15章6節）

アブラムも妻のサラも高齢でしたが神さまは、彼が「多くの国民の父（アブラハム）」になると約束してくれました。アブラムは神さまを信じました。不可能だとは思わなかったのです。神さまは何でもお出来になる方ですから。神さまはアブラムを「義」（神の目に正しい）と認められました、

アブラハムは九十九歳になりましたが、神の約束が実現されるのをひたすら待ち望みました。そして百歳になったとき、ついにかわいい男の子イサクが誕生しました。サラはこう言いました。

「神はわたしに笑い（イサク）をお与えになった。
聞く者は皆、わたしと笑いを共にしてくれるでしょう。」　（創世記21章6節）

神さまの約束の時は順調に刻まれていきました。ところが、アブラハムに大きな試練がやってきました。これほどの試練は他の人には与えられない、と思えるほど厳しいものでした。

神は命じられた。「あなたの息子、あなたの愛する独り子イサクを連れて、モリヤの地に行きなさい。わたしが命じる山の一つに登り、彼を焼き尽くす捧げ物としてささげなさい。

（創世記22章2節）

アブラハムは驚き、苦しみました。この子から空の星のように子孫を増やすと約束してくださったのは神さまなのに。しかし、彼はその言葉にも従ったのです。息子をお与えくださった神さまは、たとえイサクが死ぬことになっても、生き返らせることもおできになるはずです。

神が命じられた山につくとアブラハムは祭壇を築き、薪を並べ、イサクを縛って刃物をとりだしました。動物にするように、イサクを本当にいけにえとしてほふろうとしたのです。そこに天使が表れ、間一髪で止《と》めました。

神さまは、どのような試練においても神を信じ切るアブラハムの「信仰」を受けとりました。そして彼に続くすべての人々（子孫）を祝福されたのです。

後世の人は大変な信仰を示したアブラハムを幾度も思い起こし、「信仰の父」と呼びました。この話は聖書の初めにありますが、聖書の終わりにある「ヘブライ人への手紙」や「ローマの信徒への手紙」などでも触れられているのは、アブラハムの信仰が多くの人々に語り継がれ、模範となったことを示しています。

信仰によって、アブラハムは、試練を受けたとき、イサクを献げました。つまり、約束を受けていた者が、独り子を献げようとしたのです。（中略）彼は、イサクを返してもらいましたが、それは死者の中から返してもらったも同然です。

（ヘブライ人への手紙11章17～19節）

この話から神さまを残酷な方だと考えてはいけません。なぜなら、アブラハムには求めなかった犠牲を神さまご自身が果たしてくださったからです。神さまは、愛するひとり子イエスの命を私たちのためにお捧げになりました。私たち人類の罪の結果を引き受けて、イエスが身代わりとなって、十字架で死ぬことをお許しになったからです。

【聖書】創世記十二章〜二十二章

四、出エジプト

アブラハムから数百年後、その子孫は増え広がり、イスラエル人（＝ユダヤ人）と呼ばれるようになりました。

イスラエル人はエジプトで長い間奴隷として暮らしました。彼らは厳しい重労働のため意欲を失い、他の生き方を求めないほど心の自由をなくしていましたが、神が民を救う「時」が来ました。でも、いったいどうやって？　奴隷だけではたとえ反乱を起こしてもすぐに鎮圧されてしまうでしょう。この大きな使命は、エジプトの王宮で育ったイスラエル人モーセに与えられました。神さまは彼をリーダーとして遣わし、民をエジプトから脱出させて約束の地（＊注1）へ導くのです。

モーセは王のもとに行き、民を国から去らせるよう願いました。しかし、みすみす損になることを聞き入れるはずはありません。そのため、神は次々と九つの災い（出エジプト記10章）を下しました。それでも王はかたくなに聞き入れないので、モーセは主から告げられたとおりに最後の災いを王に告げました。それは、一晩でエジプト中の長男と家畜の初子が死ぬということです。王はそれを知っても民を去らせません。ついに十番目の災いの日が来ました。

その夜、エジプト人で死者の出ない家はありませんでした。国中が嘆きに包まれました。一方、神はイスラエルの家にはそれを逃れる方法を教えました。モーセは民に、傷のない小羊を各家庭で一頭ほふり、その血を入り口の二本の柱と鴨居に塗るように言いました。長男を死なせるために家を巡っている天使は、小羊の血を見ると過ぎ越しました。こうしてイスラエル人の家だけは誰も死なずにすんだのです。身代わりになった小羊の血によって救われたのです。これを過越《すぎこし》といいます。イスラエル人はのちに「過越祭」として毎年盛大に祝うようになります。

神さまは、過越の夜にほふられた小羊を丸焼きにして今にも旅立つ人のように立って急いで食べるように命じました。民はその晩、本当に旅立つことになるのです。パンは発酵させて焼く暇がなかったので、練り粉を鉢に入れたまま出発しました。これも後に「種なしパン（酵母の入らない平たいパン）の祝い」として記念されます。

王はモーセを呼びつけてすぐに出て行くように命じました。イスラエル人は壮年男子だけで六十万人。妻や子供を入れるとその四倍くらいでしょう。彼らはやっとエジプトを去ることが出来たのです。

モーセは大群衆を引き連れて、神と語り合いながら進みました。昼間は雲の柱、夜は火の柱が民に先立って導きます。神さまは近道のペリシテ街道ではなく、迂回する道を選びました。それは王の軍が追ってくることをご存知だったからです。

喜んでエジプトを脱出した民は、ファラオの軍が追いかけてきたことに気づくとモーセに怒りをあらわにしました。「我々を連れ出したのは、エジプトに墓がないからですか。荒れ野で死なせるためですか」。

モーセは誰よりも謙遜な人です。神に祈り、次にどうするべきかをお尋ねになりました。神の指示を受け、モーセはこう言いました。

「恐れてはならない。落ち着いて、今日、あなたたちのために行われる主の救いを見なさい。（中略）主があなたたちのために戦われる」（＊注2）。モーセがつえを高く上げ、手を海に向かってさし伸ばすと一晩中、激しい東風が吹き、海が二つに分かれました。民は驚きながら乾いた地を歩いて渡りました。そのあとをエジプト軍が追ってくるとモーセは再び杖を海に掲げました。海は元に戻り、ファラオの全軍は海底に沈んでしまいました。主がイスラエルのためになさったことを見て、民は歓喜のあまり神を賛美しました。

主に向かってわたしは歌おう。
主は大いなる威光を現し
馬と乗り手を海に投げ入れられた。
主はわたしの力、わたしの歌
主はわたしの救いとなってくださった。
この方こそ私の神。わたしは彼をたたえる。
わたしの父の神。わたしは彼をあがめる。

（出エジプト15章1〜3節）

こうして、エジプトを脱出した民は喜び勇んで旅を続けます。しかし、約束の地にたどりつくには長い年月がかかります。砂漠では水や食べ物に不足して苦しみ、たびたびモーセに不平を言いました。モーセにつぶやくことは神に不平を言うことです。あれほどの奇跡を体験したのに神への信頼を忘れてしまったのです。

モーセは民の叫びを神さまに伝えます。神さまは天からパンを降らせてくださいました。マナです。マナは、白くて薄く、蜜の入ったウェハスのような味がしました。天からのパンは、毎日その日の分だけ降りました。民が神を信頼することをおぼえて心配しないようになるためでした。信仰の訓練です。神さまは夕方になると、宿営をおおうほどのたくさんのウズラを送ったので民は飽きるほど肉を食べることが出来ました。

約束の地にたどり着くまでマナはイスラエルの民を養いました。

【聖書】出エジプト記一章～十七章

（＊注1）神がアブラハム、息子イサク、さらに孫のヤコブ（イスラエルのこと）に与えると約束をくり返した土地のこと。

（＊注2）出エジプト一四章、一三～一四節

五、ヨシュアからダビデ王まで

民はようやくシナイ山にたどり着きました。神さまはイスラエル民族を愛し、神がどのような方であるかを特別に知らせたのでここで神と「契約」を結ぶことを提案してくださいました。契約とは、聖書では結婚の比喩でたとえられるほど親密な間柄になることです。アブラハムが神さまを信頼しきったことで神さまは彼を「義（正しい）」とし、祝福しました。その祝福は、子孫であるイスラエルの民にまで及ぶのです。

ずいぶん前、モーセを選んだときに、神はご自分の名前を明かしてくださいました。「わたしはある（いる）」という名でした。意味は、全宇宙が存在しないときにも神だけはおられたということ、つまり、神は「存在そのもの」だということです。すべてを支配しておられる神はこれほど偉大なのに、小さな弱い、間違ってばかりいる人間と共に歩んでくださる優しいお父さんのような方です。

イスラエルの民は神さまの提案を受け入れて契約を結びました。全地の造り主である神は、イスラエル民族の神となりました。イスラエルは神のものになり、他の神々を礼拝しないことを約束しました。神は十の掟をくださいました。みな人間のためのもので、神の祝福を受けて幸せに生きる道です。これを十戒といいます。

さて、四十年も砂漠を進み、大変な苦労をしながら民を導いたモーセは約束の地を目前にして亡くなりました。次のリーダーはヨシュアです。彼は勇気と信仰のある人でした。神の戒めを忠実に守り、約束どおりにカナンの地に入ることができました。ようやく落ち着いた生活が出来るのです。ぶどうやいちじくが実る地です。マナはもう降りませんでした。

しかし、ヨシュアが亡くなって何百年もたち、よいリーダーがいない時代になると人々は神との契約を忘れて戒めを守らなくなりました。エジプトを導き上った主ではなく、他の神々を礼拝するという大きな罪を犯します。契約を破るのはいつも人間です。神さまは深く傷つきました。神から離れた民は弱くなり、周囲の国が彼らを脅かしました。すると民は間違いを認めて悔い改め、助けを呼び求めます。神さまは「士師」という一時的に民を守る指導者を立ててくださいます。士師のおかげで敵の攻撃をかわし、国が落ち着くと民はまた生ぬるい信仰に戻る。周囲の国が強くなって脅かされる。士師が現われる……その繰り返しでした。

「最後の士師」サムエルの晩年、民は他国にいる王をうらやましく思いました。イスラエルには、神さまがいつも共におられるので王などいりません。しかし、長老たちはサムエルに、どうしても王がほしいといって聞きませんでした。「裁きを行なう王を与えよとの彼らの言い分は、サムエルの目には悪と映った」（＊注1）。王を立てることは最善の道ではありません。しかし、彼が祈ると神さまはこうおっしゃいました。「民があなたに言うままに、彼らの声に従うがよい。彼らが退けたのはあなたではない。彼らの上にわたしが王として君臨することを退けているのだ。（中略）ただし、彼らにはっきり警告し、彼らの上に君臨する王の権能を教えておきなさい」

最初に選ばれたのはサウルでした。神さまから選ばれた印に、香油を注がれて、恵みも豊かに与えられました。しかし、やがてサウルは神に不忠実な態度を繰り返しとるようになり、神の恵みはサウルを離れました。次に選ばれたのは少年ダビデです。ベツレヘム出身の羊飼いで、エッサイという人の末息子です。ダビデはサムエルからひそかに油を注がれましたが、サウルがまだ王位についています。ダビデはふさぎがちなサウル王の慰めになるように竪琴を弾く役につきました。ダビデは成長し、力強い戦士としてだんだん有名になっていきました。サウル王はダビデを憎むようになり、命を狙って追い回しました。ダビデはサウルに殺されそうになりながらも決して刃向かわず、逃げ回りました。サウルはイスラエルの王にふさわしくふるまいませんでしたが、一度は神に選ばれ、油注がれた方だからです。結局、サウルは息子ヨナタンと共に戦場で死にました。ヨナタンとダビデは親友で、彼は父親の悪巧みから何度も助けてくれました。ダビデは二人の死を悼んで泣きました。

紀元前一〇一〇年、ついにダビデは王位に就きました。

ダビデの時に統一イスラエル王国が築かれます。彼は人間的な魅力にあふれた人物でした。まだ少年の頃、たった一人で巨人ゴリアテに立ち向かい、神のために命をかけたこともあるほど神への愛に燃えた人です。王になるとさらに神から多くの祝福をいただきました。ダビデはイスラエルの王にふさわしく神のお考えにあわせながら民を導きました。

しかし、ある日、ふとした気持ちに負けてダビデは大きな罪を犯しました。部下の留守中に彼の妻を奪ったのです。罪が発覚しそうになると、部下を激戦地に送って命を落とすように仕向けてしまいました。誰にも知られていないと思ったこの二つの大きな罪を、神は預言者ナタンに知らせました。預言者はいつも祈り、神と語り合っているので、神は預言者にいろいろなことを伝えるのです。人は知らなくても神は見ています。ナタンはダビデに例え話をして罪を指摘しました。悪い王の場合、本当のことを言うと預言者を殺すこともありますがダビデはそうではありませんでした。心から罪を悔いて神に立ち返り、償いとして神に課された大きな苦しみも引き受けました。その時のダビデの祈りは詩編に残されており、何千年もたったいま、教会で「許しの秘跡」を受けるときの祈りとして使われています。

神よ、わたしを憐れんでください
　御慈しみをもって。
深い御憐れみをもって
　背きの罪をぬぐってください。
わたしの咎をことごとく洗い
　罪から清めてください。

（詩編51・3～4）

このダビデ王の子孫からメシア（救い主）イエスがお生まれになるのです。

【聖書】出エジプト記十九章～二十章、ヨシュア記一章～六章
サムエル記（上）三章、八章、十一章～十二章、サムエル記（下）
五～七章、十一章～十二章、十五章十六節、十八章～十九章十五節

（＊注1）サムエル記（上）8章6～9節

六、お告げの場面

新約聖書の中で聖母マリアへの「天使のお告げ」は特に重要です。

今から二千年前、大天使ガブリエルは、ナザレ（ガリラヤ地方中央の町）に住む少女のもとへやってきました。少女はマリアといって十四歳くらいでした。

大天使は「喜びなさい。恵みに満ちた方！　主はあなたと共におられます」（＊注1）と呼びかけました。マリアは突然の出来事に驚きましたが、天使はこう言いました。「マリア、恐れることはない。あなたは神から恵みをいただいた。あなたは身ごもって男の子を産むが、その子をイエスと名付けなさい。その子は偉大な人になり、いと高き方の子と言われる。神である主は、彼に父ダビデの王座をくださる。彼は永遠にヤコブの家を治め、その支配は終わることがない。」

ユダヤ人は旧約聖書の預言を読んでいましたからメシア（救い主）を待っていました。

聖書によるとメシアはダビデ王の子孫から、それも乙女から生まれるとあります（＊注2）。マリアはダビデ王の子孫（＊注3）であり乙女です。ですから彼女は天使の話をある程度、理解していたと思われます。それはエリサベトの家を訪問したときの「マリアの賛歌」からもうかがえます。

神は何かを望むだけで瞬時に実現させることができます。たとえば、創世記には「神は言われた。『光あれ。』こうして光があった」と記述されているとおりです。また、神は人に何かを命令してもいいでしょう。しかし、聖書に表れる神は人間にそのようにふるまう一方的な方ではありません。人の自由意志を尊重される方なのです。マリアはある程度のことは漠然と理解していましたが、やはり、結婚をしないで子どもを身ごもるのは不思議だと思ったので「どうして、そのようなことがありえましょうか。わたしは男の人を知りませんのに。」と言いました。これは反論ではなく質問です。その答は「聖霊があなたに降り、いと高き方の力があなたを包む」というものでした。神の力によって身ごもるということです。また、天使はもう一つの事実を付け加えました。高齢のエリサベトが男の子を身ごもっているというのです。これは、マリアにも神さまがなさったとしか思えない出来事でした。天使は最後に「神にできないことは何一つない」と言いました。マリアはすっかり承諾しました。「わたしは主のはしためです。お言葉どおり、この身になりますように」と言って。神さまは、このように心から「はい」と言って協力する人を求められたのです。

ナザレの少女が救い主を生む。これは大変なことです。全宇宙の作り主である「神」が「人」になられるのです。マリアは、これからどんなことが起こるのかわからないまま神さまを信頼しました。この信仰はアブラハムに似ています。こうして、一人の謙遜な少女の協力によって新約時代が始まったのです。

人となって地上に来られた神。この方がイエス・キリストです。「イエス」は固有名詞ですが、「キリスト」は名字ではありません。メシアと同じ「救い主」という意味です。この名は、イエスが死んで三日目に復活し、昇天された後、弟子たちがようやくイエスがどういう方だったかを理解したときに呼んだ名ですので、イエスが地上におられたときに呼ばれてはいません。「イエスは救い主」という意味です。彼は、私たちに天の御父のお心を知らせ、永遠のいのちへの道を示してくださいます。そして、人間が自分たちではどうすることもできない罪の償いをご自分の命とひきかえに果たしてくださったのです。

さて、マリアは「神の母になる」という特別な恵みを受けましたが、実は母の胎に宿ったときから大きな恵みに包まれていました。最初の人が初めて罪を犯して以来、（創世記三章）人はそれまでいただいていた大きな恵み（＊注4）を失ってしまいました。子孫である私たち人間はその影響を受けて罪に傾きやすい弱さ（原罪）をもつようになりましたが、マリアだけは原罪を免れていました。マリアは、そのご生涯において一切の罪を犯されませんでした。しかし、聖母の本当の素晴らしさは隠されており、聖書に表れる姿に特別な人という印象はありません。

また、聖母は大変な勇気もおもちでした。当時は、結婚していない女性が婚約者ではない人の子をみごもると「姦淫を犯した」と見なされて石殺しになったのです。ご自分でもその危険性を知っていたはずですが、それでも心静かに神の申し出を引き受けました。

一方、婚約者のヨセフはマリアの妊娠に苦しみ、ひそかに縁を切ろうと考えました。そのとき天使が夢に現れ、ヨセフに教えました。「ダビデの子、ヨセフよ、恐れずにマリアを妻として迎え入れなさい。彼女の胎の子は、聖霊によるのである。彼女は男の子を産む。その子をイエスと名づけなさい。その子は、自分の民を罪から救うからである」（＊注5）。ヨセフは神を敬い愛する人でしたので夢を信じ、マリアとイエスさまを守り通します。人々は、マリアがヨセフの子を宿したと思ったので問題にしませんでした。神の霊

（聖霊）がマリアを包んで身ごもる。まさに神の業《わざ》です。ヨセフはイエスの養父です。

【聖書】ルカ福音書一章二十六～三十八節

（＊注1）フランシスコ会聖書研究所訳注。ルカ一章二八節
（＊注2）救い主についての預言は複数ある。ここでは、イザヤ書七章一四節参照。

（＊注3）ダビデ王は紀元前千年頃のイスラエル人（ユダヤ人＝ヘブライ人）の王。

A・エバンヘリスタ著『マリア論入門』（サンパウロ出版）七二頁参照。

「マリアはダビデ家の子孫であったが、しかしその子は父親がダビデ家の出でなければ法的に『ダビデの子』にはならないとわかっていた。」ヨセフもダビデの子孫である。

（＊注4）A・エバンヘリスタ著『マリア神学』（上智大学神学部発行）一五一頁参照。

（＊注5）マタイ福音一章二〇節～二一節

七、聖母の喜び

マリアは天使のお告げを受けると、まっ先に親戚のエリサベトのもとへ急ぎました。天使が高齢のエリサベトが身ごもっている、と教えたからです。神の不思議な働きを一刻も早く二人で語りあいたかったのでしょう。聖書の中で聖母が急いだという記述は他にありません。喜びでいっぱいで、じっとしていられなかったのではないかと思われます。

ユダヤ人の社会では子供がいることは神の祝福だと考えられていました。子どもを授からなかった女性は「生まずめ（石女）」と呼ばれ軽蔑されたのです。長い苦しみから解放されたエリサベトは神の慈しみをどれほど喜んだことでしょう。夫のザカリアは祭司で（*注1）、神殿で香をたく当番のときに大天使ガブリエルの訪れを受けました。天使は、妻エリサベトに男の子が生まれると伝えました。しかし、二人とも子どもを望む年齢は過ぎていたのでザカリアは信じることが出来ませんでした。「しるし」を求めると与えられず、ザカリアは子どもが生まれるまで口がきけなくなってしまいました。祭司でありながら天使の言葉を信じなかったからです。神にとって不可能なことは一つもないのです。

そのことがあってから六カ月後に天使はマリアにも現れたのです。二人の態度を見ると信仰とはどういうことかがわかります。信仰とは神を信頼することです。私たちは小さい存在ですので神のなさることをみな理解できるはずはありません。ですから理性で完全にわからないことも、神の方から語りかけられたなら受け入れることです。それには謙虚さと勇気がいります。マリアにはそれが備わっていました。

聖母はエリサベトの家へたどりつきました。「おめでとう。エリサベト! 赤ちゃんを授かったのね。神さまの祝福ですね」。マリアさまがあいさつするやいなや、「あなたこそ最高に祝福された方です。あなたのお声を聞いた時、わたしの胎内の子が喜び踊りました」とエリサベトは叫びました。マリアさまはにっこりとされたでしょう。

「なんて不思議でしょう。天使が現れて、神の力がわたしを包み、身ごもると言うのです。生まれる子は『いと高き方の子(＊注2)と呼ばれる』と言われました。どのようにしてそうなるのかわかりませんが、わたしは『お言葉どおりになりますように』と答えました」

新約時代、女性は男性に従属して生きるのが普通でした。結婚前は父親、嫁いでからは夫か息子がいなければ暮らしていけなかったのです。女性は数に入らないほど低い位置に置かれていました。この時代に、神は二人の女性を協力者に選ばれました。神さまはなんと自由な方でしょう。

エリサベトの子は後に「洗礼者聖ヨハネ」と呼ばれます。

聖母は、エリサベトと共に神の特別な働きを経験させていただいたことを喜びあいました。この時、聖母は神をたたえて歌います。

「わたしの魂は主をあがめ、
私の霊は救い主である神を喜びたたえます。
身分の低い、この主のはしため（＊注3）にも
目を留めてくださったからです。
今から後、いつの世の人も、
わたしを幸いな者と言うでしょう、

力ある方が、わたしに偉大なことをなさいましたから。
そのみ名は尊く、
その憐みは代々に限りなく、主を畏れる者に及びます」（ルカ1章、47～50節）

思わず心からあふれ出たこの歌は「マリアの賛歌」と呼ばれています。「今から後、いつの世の人もわたしを幸いな者と言うでしょう」という箇所は預言でもあるのです。キリストへの信仰が世界中に広がったいま、聖母は「神の言葉を信じた幸いな方」、「神の母」とたたえられているからです。あの当時、ナザレの田舎の少女が「神の母」になるなどと誰も思ってはいませんでした。神は「小さく謙虚な者」に目を留め、偉大なことをなさいます。

謙虚さは神のお心をとても引きつけるのです。

【聖書】ルカ福音書一章三十九節～五十五節（マリアのエリサベト訪問と賛歌）

（＊注１）当時の祭司は家庭をもった。

（＊注２）「神の子」という意味。

（＊注３）「主のはしため」とは、神に仕え、そのためにはどのようなことも喜んで果たす者という意味。

（＊注４）「小さく謙虚な者」を「貧しい者」とも表現する。「貧しさ」は聖書では広い意味で使われる。必要な物に事欠く貧しさから、神の他に何も求めない「心の貧しさ」も含まれる。

八、主のご降誕

クリスマスは世界中の人が喜び祝う日です。教会やミッション系の学校では馬小屋を作って飾り、いつもよりお祈りを増やしたり、周りの人に小さな親切をしたりして心を準備し、幼子イエスのお誕生プレゼントにするでしょう。こうしてイエスが来られる日を待つ四週間を教会では「待降節《たいこうせつ》」と呼んでいます。

クリスマスイブになると幼子イエスのご像をわらの上にそっと置きます。聖母マリアや聖ヨセフのまなざしを受けながら眠る幼子。私たちのためにお生まれになった小さなイエスを見つめていると平和な気持ちになります。

二千年前、ローマ皇帝アウグストゥス（在位は紀元二十七年～紀元十四年）は、初めての住民登録を行いました。どの人も故郷に帰らなくてはなりません。聖ヨセフもロバを引き、身重のマリアさまを気遣いながら故郷へ向かいました。

二人がダビデ王の出身地ベツレヘムに到着すると街は群集でごったがえしており、宿は満員でした。泊まる場所がみつかりません。その当時、家畜小屋は自然にできた洞窟を使っていました。二人はそこでやっと休むことができました。その晩、マリアさまは時が満ちて幼子をお生みになり、天使に言われたとおりにイエスと名づけました。ベビーベッドがないのでマリアさまは家畜のえさ入れとして使う「飼い葉桶」に布を敷き、赤ちゃんをそっと寝かせました。ここにイエスさまが置かれたのは偶然のように見えますが、実はとても深い意味があります（＊注1）。また、人々の喧騒から離れたところでお誕生になられたのはやはり神のお考えにあっていたのでしょう。静かにこの不思議な出来事を思い巡らし、祈ることができるからです。神さまがお許しになった人々だけが星に導かれて小屋にたどり着きました。人となられた神、この方こそイエス・キリストです。

イエスさまは本当に地上に来てくださいました。この世界を平和にすることができるのは神さまだけです。その仕事をお手伝いするのは神さまから平和な心をいただいた人たちです。ご自分の命を与えるために来てくださった幼子をみつめて静かに祈りましょう。

【聖書】ルカ福音書二章一～二十一節

（＊注1）私たちに、ご自分の命を与えてくださったイエスは、今はパン（ご聖体）となられた。

（一七、「最後の晩餐」参照）

九、主の洗礼

イエスは三十歳になられると、ヨルダン川で人々に罪の悔い改めを呼びかけるヨハネのことを耳にしました。ヨハネは、祭司ザカリアとエリサベトの子供です。人々に救い主を迎える準備をさせ、洗礼を授けたので「洗礼者ヨハネ」と呼ばれます。彼だけは、イエスが待ち望んでいた救い主だと知らされました。

「洗礼」を受けるとは、罪を悔いて、「古い自分に死ぬ」ことです。そのことを、全身を水に沈めることで表します。水から上がるのは、「新しい人に生まれ変わった」ことを意味します。過去の罪はすべて許され、洗い清められたのです。洗礼はすばらしい贈り物で、すべての人に差し出されています。

自己中心的な生き方から神が喜ばれる生き方へと方向転換することを「回心」と言います。この神を中心にした新しい生き方は努力で出来るものではなく、神からのプレゼントなのです。私たちは感謝して受け取るだけです。

神ほど罪と無縁な方はいらっしゃいません。イエスは人となられた神ですから、一つの罪もありません。「悔い改め」も「罪の許し」も「洗礼」もイエスには必要がないのですが洗礼を受けられたのは、みな私たちの救いのためでした。神であるご自分を無にし、へりくだったお姿です（＊注1）。

ヨハネは驚き、「わたしの方こそ、あなたから（洗礼を）受けるべきなのに」と言いました。しかし、イエスは「今はとめないでほしい」と言われました。イエスがヨルダン川から上がられると天が開き、「あなたはわたしの愛する子、わたしの心に適う者」という御父の声がしました。イエスは御父からこの世に派遣された方です。

私たちは、自力で神に近づくことはできません。イエスご自身が、今も生きておられる神を現わしてくださいます。そして、私たちがどうやって神さまと親しい関係になれるかをわからせてくださるのです。

イエスは完全な神であり、完全な人間です。イエスが地上においでになり、私たちの罪を代わりに引きうけてその身で贖《あがな》ってくださったのは、人間が決して神から離れないようにしっかりと一つに結んでくださったということです。

イエス・キリストの中で、「神」と「人」は完全に一致しました。イエスは、すべての人を神に引き寄せ結びつけようとしておられます。

「神の子」とは、神のあらゆる素晴らしさと財産を受け継ぐ者です（＊注2）。私たちは大胆に神に近づくことができるのです。イエスは私たちの大恩人です。私たちはいつものことを思い出し、「賛美と感謝」を捧げましょう。

【聖書】マタイ福音書三章十三～十七節

（＊注1）フイリピの信徒への手紙　二章七節
（＊注2）ローマの信徒への手紙　八章一四～一七節

十、イエスは「神の国が来たこと」を告げる

イエスには多くの弟子がいましたが、寝食を共にした弟子は十二人です。彼らを「使徒」と呼びます。

使徒たちはイエスから神の国のたとえ話を解き明かしていただき、宣教（神の教えを述べ伝えること）の注意を与えられるなどの養成を受けました。彼らはイエスのすばらしさを見る幸福にあずかりました。病気が癒され（＊注1）、死者が生き返り、（＊注2）、悪霊に圧迫されて苦しんでいる人から汚れた霊が追い出されるのを目撃したのです（＊注3）。

イエスの話を聞こうと遠くから大群衆が集まったある時のことです。イエスは病人を癒やし、神の国の話を語るうちに日が暮れました。弟子たちは皆を解散させた方がいいと言いましたがイエスはそうしませんでした。飼い主のいない羊のような人々の苦しみも空腹も放っておけなかったのです。そこにあったのは五つのパンと二匹の魚でした。イエスは

人々をグループにして座らせてからパンと魚を取り、天を仰いで賛美しました。それから裂いて使徒たちにお渡しになりました。使徒たちはパンを配りましたがいくら配っても、配ってもなくなりません。ついに五千人以上の人が満腹し、その上、残りを集めると十二のかごにいっぱいになったと福音書に記されています。これは現在の「ミサ」を連想させます（＊注4）。

別の日、使徒たちはイエスと一緒に舟で湖を渡っていました。強風で舟が沈みそうになりましたが先生は眠りこんでいます。あわてた弟子たちは「主よ、私たちがおぼれてもいいのですか」とイエスを起こしました。彼が風や湖を叱るとすっかり凪になりました。使徒たちはすっかり驚いて「この人はどなたなのだろう」と思います（＊注5）。彼らはこの素晴らしい先生のことをまだ本当にはわかってはいなかったからです。

福音書にある奇跡はみな「イエスと共に神の国が地上に来た」ことを表しています。

【聖書】ヨハネ福音書六章一～十五節

（＊注1）ルカ八章四〇～四八節など多数。

（＊注2）ヨハネ一一章一～四四節。友人のラザロが葬られて四日後、イエスが生き返らせた。イエスはここで涙を流している。ルカ八章四〇～五六節。ヤイロの娘を生き返らせた。

（＊注3）ルカ八章二六節～三九節、マルコ五章一～二〇節など多数
（＊注4）ヨハネ六章一～一五節他。

（＊注5）マルコ四章三五～四〇節。

十一、主の恵みの年

主はわたしに油を注ぎ
主なる神の霊がわたしをとらえた。
わたしを遣わして
貧しい人に良い知らせを伝えさせるために。
打ち砕かれた心を包み
捕らわれ人には自由を
つながれている人には解放を告知させるために。
主が恵みをお与えになる年
わたしたちの神が報復される日を告知して
嘆いている人々を慰め（るために）。

（イザヤ61章1～2節）

神は、特定の人を選び香油（聖霊）を注いで使命を果たす力を与えます。旧約聖書には、王や預言者が選ばれるときにそのように書いています。ここでは、貧しい人や心が打ち砕かれ、失意に陥っている人、精神的に、あるいは実際に牢獄に囚われている人に解放の時が来たことを伝える人のことが書かれています。預言者イザヤ（紀元前六世紀～五世紀初頭の人）がこれを書いた当時は自分自身のことを書いたのですが、この使命はイエス・キリストによって完成されます（＊注1）。ずっと後の時代の人は、この箇所を「救い主」の預言として読んでいます。

大人になったイエスが故郷ナザレに帰って会堂で聖書を読んだとき、この箇所にあたりました。イエスは「この聖書の言葉は、今日、あなたがたが耳にしたとき、実現した」（＊注2）と言われました。この使命をもった「救い主」、その人こそイエスご自身なのです。しかし、幼い頃から彼を見知っている故郷の人は、「この人はヨセフの子ではないか」と言い、イエスを待ち望んでいた救い主だと認めることが出来ませんでした。

イエスは、「預言者が敬われないのは、自分の故郷、親戚や家族の間だけである」（＊注3）とおっしゃっています。イエスが訪れるところはどこでも神の力が働き、素晴らしいことが起きました。せっかく故郷に帰り、「主の恵みの年《とき》」が来たことを伝えたのに、「そこでは、ごくわずかの病人に手を置いていやされただけで、そのほかは何も奇跡を行うことがおできにならなかった。そして、人々の不信仰に驚かれた」（＊注４）とあります。
私たちも、「自分はこの人を知っている」と思うとき、その人の本当の姿を認めることができなくなってしまいます。とらわれない自由な心はとても大切です。神さまが語られる言葉に耳を傾け、信頼してそのご計画に従う聖母のような心をもちたいものです。

【聖書】ルカ福音書四章十六～三十節

（＊注１）『主日の聖書解説〈Ｂ年〉』雨宮慧著　一七頁
（＊注２）ルカ四章二一節
（＊注３）マルコ六章四節
（＊注４）マルコ六章五～六節

十二、イエスの弟子たち

ペトロがイエスと出会ったのは、ゲネサレト湖（ガリラヤ湖やティベリアス湖とも呼ぶ）でした。ある日彼はアンデレ、ヤコブ、ヨハネと共に湖で一晩中漁をしましたが何もとれませんでした。きっと体は砂袋のように重く、腕や足腰が痛んだでしょう。お腹もすいていたはずです。

ペトロが黙々と網を洗って漁の道具を片付けているとイエスが話しかけました。群衆が集まってきたので舟でこぎ出してくれないかとお頼みになったのです。ペトロは素直に引き受けます。

イエスは舟に腰をおろし、「神の言葉」を語りました。ペトロは彼の話を聞くともなく聞いていたでしょう。しかし、イエスが話しかけなければイエスにも、群衆にも関心がないようでした。徹夜明けですから家で早く休みたかったのではないでしょうか。

イエスは話し終わるとペトロに言いました。「沖にこぎ出して網を下ろし、漁をしなさい」。「先生、私たちは、夜通し苦労しましたが、何もとれませんでした。しかし、お言葉ですから、網を降ろしてみましょう」。漁師として長い経験のあるペトロは、朝は魚がとれないと知っていました。それでもイエスの言葉を尊重したのです。彼は自分の考えに固執しない謙虚な人だったようです。

その結果は大漁でした。驚いて仲間に声をかけ、網を引きあげると二そうの舟は重みで沈みそうになりました。ぴちぴちと跳ねる魚の銀色の背や白い腹が見えるようです。ペトロは嬉しかったでしょうか。いいえ。ペトロはこれでしばらく生活ができるという嬉しさを感じませんでした。魚のことなど忘れてしまいました。そんなことよりも、怖くなったのです。昨晩は一匹もとれなかったのに、朝早く、これほど短時間で魚がとれるのは奇跡です。漁をするのは夜と決まっています。（これは二千年たっても同じです。今は夜、船のレーダーで魚の居場所を探し当てて網を降ろすそうです）

イエスという方は、神のように清い方なのではないか。自分はこの方に近づくような人間ではない。ペトロはひれ伏し「主よ、私から離れてください。私は罪深い者なのです」と頼みました。

イエスは温かなまなざしで彼をご覧になりました。「恐れることはない。今から後、あなたは人間をとる漁師になる」。「人間をとる漁師」とは、イエスのように人々を神に引き寄せ、神と一致して幸せに生きる道を示す人という意味です。

この出会いは四人の心に深く刻まれました。「そこで、彼らは舟を陸に引き上げ、すべてを捨ててイエスに従った」と書かれています。ペトロ、アンデレ、ヤコブ、ヨハネはイエスの弟子になりました。四人はこれから町をめぐり、受け入れてくれる家に滞在しながらイエスと一緒に神の国を告げ知らせに出かけていくのです。神さまがどんな方か、そのお心を述べ伝え、この話が真実であるしるしとして悪霊を追い出し、病を癒す「イエスの力」も受けます。

神の国とは、神の愛がすみずみに行き渡った幸せなところです。私たちは全世界が完全にこのようになっているのをまだ見ていませんが、神の国はイエスが地上にいらしたときに始まったのです。

【聖書】ルカ福音書五章一～十一節

十三、ペトロ、ヤコブ、ヨハネ

ペトロ、ヤコブ、ヨハネの三人の弟子は、重大な場面にはいつもイエスのそばにいます。たとえば、ヤイロという人の娘の話もそうです。イエスが、父親に乞われて彼の家に到着したのは、すでに少女が死んでからでした。人々が泣き叫んでいるただ中にイエスは入っていきます。

「なぜ、泣き騒ぐのか。子どもは死んだのではない。眠っているのだ」。人々はこれを聞いてあざ笑いました。イエスはペトロ、ヤコブ、ヨハネだけを従えて部屋に入ります。そして子どもの手を取り「少女よ、わたしはあなたに言う。起きなさい。」と声をかけました。少女はすぐに起き上がりました。弟子は死んだ少女が息を吹き返したのを見たのです。

また、イエスの「ご変容」の場面にいることも許されています。光り輝くお姿で、旧約時代のモーセと預言者エリヤと話しているのです。ふだんは隠されているイエスのお姿をはっきりと見た弟子たちは、驚きのあまり誰にも話しませんでした。

イエスはご自分の十字架が近づいていることを悟っていました。十字架は残酷な刑です。苦しみは極みまで達し、受刑者は人とは思えないほど痛ましい姿になります。ですから弟子たちがくじけてしまわないように、時が来たら、十字架にかかった方が神であることを悟れるように「ご変容」の素晴らしさを見せたのです。

さらに、三人は十字架の前夜、ゲッセマネの園でイエスのおそばに呼ばれています。血の汗を流し、苦しみ悶えながら御父に祈られた主は、弟子たちに目を覚まして祈るようにと二度願います。しかし、彼らはイエスの苦しみに気づかずに眠っていました。彼らは善良でしたが特別な人ではなかったようです。イエスと一緒に暮らし、驚くような奇跡を見ながらも主の思いをほとんどわかっていなかったのです。それでもイエスは彼らをこの上なく愛しぬきました。

弟子たちがイエスの言葉や行いを本当に理解できるのは、聖霊降臨まで待たなければなりません。

【聖書】マルコ福音書六章二十一章～四十三節

十四、イエスのまなざし（「ザアカイ、急いで降りてきなさい」）

ザアカイという徴税人の頭がいました。当時のユダヤ人の間で徴税人は罪びとと同じように見られていました。彼らは税を徴収してローマ帝国に納めるだけでなく、手数料をとるときに不正にお金を得ることがあったからです。ザアカイは金持ちでしたが嫌われており、孤独だったのです。彼は、有名なイエスをひと目みたいと群衆の中に出ていきましたが、背が低くて見ることが出来ません。走って先回りし、イチジク桑の木に登りました。イチジク桑の枝は幹の低いところから生えるので背が低くても登れます。

イエスは彼のいる場所に来ると上を見上げて声をかけました。「ザアカイ、急いで降りて来なさい。今日は、ぜひあなたの家に泊まりたい」。ザアカイは何と嬉しかったでしょう。それに、どうして名前を知っていたのでしょうか。不思議です。彼はあわてふためいて木から降りて喜んでイエスを迎えました。

人々は「なぜあの人は罪深い人の家に泊まるのか」と不平を言いましたが、イエスに心から受け入れられたザアカイは、うれしさのあまりすっかり変わりました。食事をしていろいろな話をした後のことでしょう、立ち上がってこう言うのです。「主よ、私は財産の半分を貧しい人々に施します。また、だれかから何かだまし取っていたら、それを四倍にして返します。」

この人はもう、よどんだ空気の中で人とつながって生きることをあきらめて淋しく暮らしていたあのザアカイではありません。イエスに名指しで呼ばれ、友として扱われたことで本来の自分をとりもどしたのです。

ユダヤ人は、旧約時代のアブラハムを「信仰の父」と仰いでいました。イエスはザアカイの心の底にある美しいものを見つめ、こう言いました。「今日、救いがこの家に訪れた。この人もアブラハムの子なのだから」。

【聖書】ルカ福音書十九章一～十節

十五、イエスの教え（「わたしもあなたを罪に定めない」）

熱心な宗教家であるファリサイ派や律法の専門家は、民衆の心をつかむイエスを嫌っていました。なんとかして彼を捕らえる口実をつかもうと難題をもちかけます。

ある朝早く、イエスが神殿の境内で民衆に教えていると、彼らが姦通（結婚以外の男女関係）の現場で捕らえた女性を連れてきて真ん中に立たせました。殺されるかもしれないとおびえている女性が、民衆の好奇の目にさらされるのです。言い表しがたい苦痛を顧みないひどいやり方です。どんな手段を使ってもイエスを追い詰めようとする悪意が感じられます。

彼らは聞きました。「先生、この女は姦通しているときに捕まりました。こういう女は石で打ち殺せと、モーセは律法の中で命じています。ところで、あなたはどうお考えになりますか。」これに反対すれば、律法に背いた、と訴える口実を彼らに与えます。イエスはかがみ込み、指で地面に何か書き始めました。話を聞いているのでしょうか。誰もが不審に思いました。彼らがしつこく問い続けるのでイエスは言いました。「あなたたちの中で罪を犯したことのない者が、まず、この女に石を投げなさい」。何と知恵に満ちた受け答えでしょうか。罪を犯さない人はいないのです。人を裁く権利など私たちにはありません。

民衆も、ファリサイ人も、律法学者も自分の心に問い、罪を静かに認めることができました。年長者から始まって一人また一人と立ち去っていきます。イエスが地面に顔を伏せて誰も見なかったのは、去るときの恥ずかしさを思いやったのでしょう。女性を連れてきた人たちが罪人だと言ってじろじろ見つめたのとは正反対のなさり方です。

イエスは「誰もあなたを罪に定めなかったのか」と女性に話しかけました。

「主よ、誰も」

「わたしもあなたを罪に定めない。（中略）これからはもう、罪を犯してはならない」。

イエスの素晴らしさと心の美しさ、魅力が存分に表れたエピソードです。

【聖書】ヨハネ福音書八章一～十一節

十六、イエスは羊飼い

主は羊飼い、わたしには何も欠けることがない。
主はわたしを青草の原に休ませ
憩いの水のほとりに伴い
魂を生き返らせてくださる。

主は御名《みな》にふさわしく
　わたしを正しい道に導いてくださる。
死の陰の谷を行くときも
　わたしは災いを恐れない。
あなたがわたしと共にいてくださる。

あなたの鞭、あなたの杖
それがわたしを力づける。

（詩編23編）


これは、神さまと私たちを羊飼いと羊にたとえた美しい詩です。

羊飼いは自分の羊をかわいがり、一匹ずつ名前をつけます。毒をもったハエが刺さないように、香りの良い油を頭からたっぷりとぬりつけてあげます。羊は賢い動物とはいえません。目の前の草をはむことに夢中で、よく道に迷います。羊は群れから離れると命の危険にさらされます。暑さの厳しいパレスティナで羊飼いは、緑のある安全な場所へ群れを導き、夜になると囲いに入れて休ませます。羊は羊飼いの声をよくおぼえているので他の人にはついていきません。

もし、羊が一匹でもいなくなれば、羊飼いは見つかるまで死にもの狂いで探し回ります。そして、見つけると喜んで肩に乗せ、得意満面になってみんなに報告するのです。

神さまは羊飼いです。私たちが進むべき方向を見失って混乱したり、欲望を満たすために躍起になって、人を蹴落としたりすると声をかけてくださいます。神さまは私たちを見つめ、心配しておられます。だから、間違った方向にいると「このままではいけない」と良心がささやくのです。他の人の言葉や態度で気づかせていただくこともあります。

ルカ福音書七章三十六～五十節にはこんな話があります。

ファリサイ派のシモンに招待され、イエスは彼の家を訪れました。シモンは奇跡を行うと有名なイエスに興味を持ったのでしょう。しかし、温かい心でもてなす気持ちはなかったようです。来客であるイエスに砂ぼこりで汚れた足を洗う水も出さず、抱き合って接吻し、オリーブ油を頭に塗るふつうの挨拶もしませんでした。

そこへ、罪深いと評判の女性が家に入ってきました。この当時、宴会を開くときは窓も扉も開け放ち、誰でも家の中を見ることができるようにしたそうです。イエスがシモンの家にいるのを見て、この女性は香油の入った石膏の壺を持って中に入りました。たくさんの悲しみと罪の後悔からくる涙でしょう。後ろからイエスの足下に近寄り、イエスの足が涙で濡れると髪の毛でぬぐい、香油を塗って接吻しました。イエスは彼女の気がすむようにさせました。突然の非常識な態度に驚く様子もありません。しかし、シモンはこう思いました。「この人がもし預言者なら、自分に触れている女がだれで、どんな人かわかるはずだ。罪深い女なのに」。イエスは、シモンが何を考えているのか知って、たとえ話をしました。

借金をした二人の人がいた。二人とも返せずに困っていたので主人は哀れに思ってどちらも帳消しにした。主人の親切により深く感謝し、多くの愛を示すのはどちらだろう？　シモンは「借金の額が多い方です」と答えました。

その後、イエスはシモンが客にふつうの礼を尽くさなかった（愛を示さなかった）ことに気づくように説明しています。イエスの伝えたかったのは「罪の許し」と「愛」の関係でした。

この女性は、娼婦だったと解釈するのが一般的なようです。当時の女性には仕事がありませんので生活をみてくれる夫や子供がいなければ罪だとわかっていてもやむを得ないことでした。イエスは、女性が泣きながら足に接吻したことを「足を洗ってくれた」と言いました。髪の毛で涙をぬぐい、香油を塗ったことも客への「挨拶」と解釈したのです。シモンがイエスに示さなかった感謝や愛情を彼女は惜しみなく示しています。このように他者に愛情を表すことができるのは、すでに罪が許され、感謝しているからなのです。イエスは女性に「あなたの罪は、（すでに）許されている」と言いました。

神が、いつ、どのように、誰を許したかは人の目にはわかりません。しかし、この女性の態度（心の表われ）を見て多くの罪が許されていることがわかるとイエスは言ったのです。

では、シモンはどうでしょうか。客を招きながら当然の礼儀を果たさず、イエスがどんな人間なのかと見定めているだけのこの人は、自分はこの女より罪がないとうぬぼれています。しかし、神から見るとどうでしょう。シモンの生活は、実際に罪が少ないのかもしれませんが、罪を犯さなくてすむほど恵まれた生活をしてきただけのことかもしれません。

しかし、イエスにとっては、ファリサイ派のシモンも道に迷った羊です。イエスは、この失礼な人のことも断罪せず、神の愛に気づき、その腕に飛び込むことを待っておられます。

【聖書】ルカ福音書十五章一〜七節、ルカ福音書七章三十六〜五十節

十七、イエスとサマリア人

イエスは、時々サマリア人について話しました。彼らはもともとユダヤ人でした。（＝イスラエル人）。

ダビデ王によってイスラエル王国はようやく国らしい形を整えました。しかし、次の王、息子ソロモンの罪のために、レハブアム王（孫にあたる）の時代、王国は二つに分裂します。紀元前九三〇年のことです。北イスラエル王国とユダ王国です。南のユダ王国はダビデの直系です。首都エルサレムには神殿があり、神に選ばれた祭司がいます。他方、北イスラエル王国には正式な祭司はいません。神殿もないので王は民がエルサレムへ行かないように、ベテルとダンという町に金の子牛を二体作って礼拝させました。これは、神さまがしてはいけない、とおっしゃった「偶像崇拝」の罪でした。モーセに授けた十戒の一つを破ることになるのです。偶像崇拝とは「神ではないものを神として崇めること」です。神さまは、神を一番にすることこそ人々の幸せにつながるとモーセに教えました。神を像としてかたどってはいけないと言ったのは、像を神ご自身としてひれ伏し、礼拝することを禁じたということです。

現代の私たちが十字架やイエスさまのご像を祈りに使うことは、偶像崇拝ではありません。神さまを思い浮かべるための聖具に過ぎないからです。その像じたいを神さまだと勘違いする人はまれでしょう。現代人の偶像崇拝は例えばお金です。教皇フランシスコがよくおっしゃることですが、お金を得るためにどんな犠牲も払う態度のことです。神さまよりもお金を頼りにするなら、お金にひれ伏しているのです。お金が一番で神さまが二番になります。これが偶像崇拝の本当の意味です。

さて、北イスラエル王国は、紀元前七二一年にアッシリアによって滅亡します。アッシリアは、民族を根絶やしにするため、複数の他国の人たちをこの国に移住させました。人々は混血になり、宗教も他国の宗教と混ざり合ってしまいました。たとえば、聖書はモーセ五書（創世記、出エジプト記、レビ記、民数記、申命記）だけを受け入れ、預言者の言葉を拒否するなどユダヤ人の考えとは異なってしまったのです（＊注1）。

アブラハム、イサク、ヤコブにお現れになった神を忘れてはいませんし、いつか来られる救い主を待っていることもユダヤ人と同じでした。しかし、ダビデ王の直系のユダヤ人からは、同じ民族として認められてはいませんでした。彼らは「サマリア人」と呼ばれたのです。

サマリア人は、自分たちの意志ではなく歴史の中で作られた民族です。

イエスは彼らの悲しみ、苦しみをよくわかっておられたようです。「よいサマリア人の例え話」（ルカ10章）や十人のハンセン病者が同時に癒された時に、一人だけイエスに感謝を述べるために戻ってきた人がサマリア人だった話（ルカ17章）、井戸のそばで評判の悪いサマリア人女性とイエスが話したとき、ご自分が「救い主、キリスト」であると彼女にはっきりとおっしゃった話などがあります。（ヨハネ4章）。イエスが彼らを見つめるまなざしは優しさに満ちています。

彼らの歴史と苦しみを知って「よいサマリア人」のたとえを読むとメッセージがもっとよくわかります。自分たちを軽蔑してきたユダヤ人が傷ついて倒れていると、その人が誰なのかを忘れて苦しみに心を動かされ、急ぎの仕事を中断し、馬から降りて親切にした人。この人の慈しみはどこからきたのか。傷ついた人への温かな心は、自分が深く傷ついてきたからではないか、と考えることができます。

ユダヤ人がイエスを排斥する中で、サマリア人は彼を救い主として受け入れ、信じるようになりました（＊注2）。また、初代キリスト教会（イエスが天に帰られてから生まれたばかりの教会）は、サマリアに行ってイエスの言葉を述べ伝えました。彼らの多くがイエスを信じたのです。使徒言行録八章にはそのことが詳しく書かれています（＊注3）。

【聖書】ルカ福音書十章二十五～三十七節

（＊注1）レイモンド・E・ブラウン著『解説「ヨハネ福音書・ヨハネの手紙」』（教友社）六一頁。

（＊注2）同書　一七頁。

（＊注3）同書　六一頁、六三頁。

十八、救い主のしるし

旧約聖書の時代からあるハンセン病は、日本語の聖書では「重い皮膚病」と記されています。ハンセン病は細菌による感染症です。皮膚や末梢神経が冒されるので熱さや痛みを感じなくなり、鼻や耳、指などに変形が生じることもあります。感染力は弱いのですが、特効薬が見つかるまでの長い間、多くの国が患者を社会から隔離した歴史があります。

日本でも彼らを強制隔離したことが知られています。患者たちは療養所から退所することも、外出することも許されませんでした。所長には療養所内での司法権や警察権が与えられていたので監禁室のあるところもありました。また、遺伝性の病気ではなかったのですが、患者が結婚して妊娠すると中絶を強要し、不妊手術をさせることもありました。人間らしい生活を奪われた人々についてはたくさんの苦しみの記録が残されています。現在は特効薬があって少しも恐れることはありませんが、まだ誤解、偏見、無知があるといえるでしょう。

井深八重（一八九七年～一九八九年）という女性がいました。二十一歳のときにハンセン病だと診断を受け、神山復生病院（静岡県御殿場のカトリック病院）に入院しました。しかし、三年後に誤診だったことがわかりました。家族のもとに帰ることができるのです。しかし彼女はそうしませんでした。一時はハンセン病者の絶望や苦悩を味わった八重は、他の患者たちを見捨てて自分だけ社会に帰って自由を謳歌する気にはなれませんでした。また、宣教師（神父さま）が生涯を投げ打って彼らに尽くしていることにも心を打たれていました。彼女は看護師の資格を取って病院に戻ってきたのです。そして、それからの一生を看護に捧げました。遠藤周作氏が八重をモデルにした小説を書いています（＊注1）。

イエスの時代にもハンセン病がありました。やはりここでも患者は恐れられ、社会から切り離されて集団で暮らしていたようです。彼らは健康な人に近づくことが許されませんでしたので「遠くの方に立ち止まったまま、声を張り上げて」（ルカ17章）イエスに「どうか、私たちを憐れんでください」と言いました。このときイエスは「祭司たちのところに行って、体を見せなさい」と言われました。彼らはその道の途中で癒されています。祭司によって病気が治ったと認められることが社会に帰る条件だったのです。

別な場面ではハンセン病者の苦しみに共感を示し、イエスは「手を差し伸べてその人に触れ」癒しています。（ルカ5章）。イエスの温かな気持ちの表われです。

わずか三年の間にイエスは多くの奇跡（しるし）を行なわれました。ある日、洗礼者ヨハネの弟子たちがイエスのもとに来て尋ねます。「来たるべき方はあなたでしょうか」。来たるべき方とは、ユダヤ人が待っている「救い主」のことです。イエスはお答えになりました。「行って、見聞きしたことをヨハネに伝えなさい。目の見えない人は見え、足の不自由な人は歩き、重い皮膚病（＊注2）を患っている人は清くなり、耳の聞こえない人は聞こえ、死者は生き返り、貧しい人は福音を告げ知らされている。」

これこそ、イザヤが預言した救い主の姿そのものです。しかし、イエスが地上にいらしていた間に、彼を救い主として受け入れる人は多くありませんでした。イエスの十字架、死、復活、昇天のあとに聖霊が降られてようやく人々の心の目は開かれます。


【聖書】ルカ福音書五章十三節、七章十八～二十三節、十七章十一～十八節。

（＊注1）『わたしが・棄てた・女』遠藤周作著（新潮文庫）

ハンセン病をテーマにした小説に『あん』（ポプラ社）ドリアン助川著もある。同名で映画化された。（二〇一五年公開）

（＊注2）ハンセン病のこと。

十九、最後の晩餐

レオナルド・ダ・ヴィンチの絵で有名な「最後の晩餐」は、イエスが十字架で処刑される前日の場面です。弟子たちは、これがイエスとの最後の食事だとは思わず、毎年行う「過越《すぎこし》の食事」（ユダヤ教の大きな宗教行事）だと考えていました。過越の記念とは、「出エジプト記」十二章に記されている出来事です。

エジプトで奴隷にされていたイスラエル人は、国を出て自分たちの神に礼拝を捧げたいと王に願いましたが、王は許しませんでした。申し出をしたのは神から選ばれたモーセです。神は、王の心が変わるまでエジプトに次々と災いを送りました。災いはあらかじめ警告されましたが、王はかたくなに気持ちを変えませんでした。ついに十番目の災いの時が来ました。長男と家畜の初子が神によって命を絶たれることでした。その夜、エジプト中に悲しみの叫びが上がりました。神の警告通り、死者の出ない家はなかったからです。

しかし、イスラエル人は、モーセによって神から災いを免れる方法を知らされていました。各家庭で小羊を一頭ほふり、その血を柱と鴨居に塗るのです。天使はその家を「過ぎ越し」たので、イスラエル人には一人も死者が出ませんでした。「小羊」が長男の身代わりになって死んだのです。

エジプトの王はイスラエル人を解放しました。その夜、彼らは大急ぎで国を去りました。ユダヤ教徒はこの出来事を「過越祭《すぎこしさい》」と名付けて今も毎年記念しています。(四、出エジプトを参照)。

さて、イエスの最後の晩餐は「過越の食事」でした。それは二重の意味をもっていました。旧約時代の「過越の記念」と、「新しい過越の始まり」です。

「新しい過越」とは、罪びとである人類に代わって、イエスがその罪を償うために小羊のように十字架の死を引き受けたことを指します。イエスは「神の小羊」(＊注1)と呼ばれます。

イエスは私たちを愛するあまり、命も惜しまなかったのです。

最後の晩餐の席でイエスはこうおっしゃいました。

「苦しみを受ける前に、あなた方と共にこの過越の食事をしたいと、私は切に願っていた。（中略）それから、イエスはパンを取り、感謝の祈りを唱えて、それを裂き、使徒たちに与えて言われた。『これは、あなたがたのために与えられるわたしの体である。私の記念としてこのように行いなさい。』（中略）杯も同じようにして言われた。『この杯は、あなた方のために流される、わたしの血による新しい契約である』」。

（ルカ22章15〜20節）

イエスは、ご自分の命を差し出してくださいました。神から離れた私たちが罰せられず、罪とかかわりのない方が代わりに死んで罪を償ってくださったのです。私たちに「永遠のいのち」を獲得してくださるためでした。これを「イエスの贖《あがな》い」と言います。

最後の晩餐は、「パンを裂く式」と呼ばれ、イエスが天に帰られた後、弟子たちの間でくりかえされました。これがいまの「ミサ」です。

イエスが「これはわたしの体である」と言われた、イーストの入らない平たいパンは、ミサで司祭が同じ言葉を唱えるときに「キリストご自身の御体」に変化します。同じように、ぶどう酒もミサの中で司祭が「これはあなた方のために流される、新しい永遠の契約の血である」とイエスの言葉を宣言するとき、「キリストの御血」に変化するのです。パンやぶどう酒という物質をイエス・キリストのお体と御血に変化させるのは、それが「力ある神のみ言葉」（＊注2）だからです。

この二千年間、ミサが行われなかった時はありません。ユダヤ教の中から生まれたキリスト教はやがて全世界に広がります。

【聖書】ルカ福音書二十二章十四〜二十節、ヨハネ一章二十九〜三十四節

（＊注1）ヨハネ一章二九節

（＊注2）ヘブライ人への手紙四章一二節

二十、ご受難

最後の晩餐のあと、イエスがゲッセマネで捕らえられると弟子たちは一斉に逃げてしまいました。この夜、イエスは弟子たちにどれほどの愛をお示しになったでしょう。まるで奴隷のように身をかがめて彼らの足を洗い、互いに愛しあうように言い残されました。また、パンを取り、「これはあなた方に渡されるわたしの体である」と言われました。この言葉は翌日、私たちのために十字架にかかって死ぬことを指しておられたのです。

イエスと生活のすべてを分かち合って暮らした十二使徒の中で、聖母と共に十字架のもとに行けたのはヨハネただ一人でした。ユダは、銀貨三十枚で先生を売ってしまったことを後悔し、自殺してしまいました。ペトロはイエスの後を恐る恐るついて行きましたが、悲しみと恐れで我を失い、途中で会った人に「おまえもあの連中の仲間だ」と言われると「わたしはあの人を知らない」と言ってしまいます。三度目に同じ言葉を口にするとすぐに鶏の鳴き声がしました。ペトロは「あなたは今日、鶏が鳴くまでに、三度わたしを知らないと言うだろう」とおっしゃったイエスの言葉を思い出し、外に出て激しく泣きました。自分の命にかけてもイエスを守ろうと思い、必ずそうできると信じていた彼は自分の弱さに愕然としました。

ローマ総督ピラトとヘロデ王の前に交互に突き出され、不正な裁判にかけられたイエスはご自分を弁明しませんでした。ピラトは不思議に思い、「わたしに答えないのか。おまえを釈放する権限も、十字架につける権限も、このわたしにあることを知らないのか」と言いました。しかし主は「神から与えられていなければ、わたしに対して何の権限もないはずだ」とお答えになります。イエスは誰のために、なぜ裁かれているのかをよくご存じでした。

わたしたちは羊の群れ
道を誤り、それぞれの方角に向かって行った。
そのわたしたちの罪をすべて
　主は彼に負わせられた。

苦役を課せられて、かがみ込み
彼は口を開かなかった。
屠り場に引かれる小羊のように
毛を切る者の前に物を言わない羊のように
彼は口を開かなかった。
捕らえられ、裁きを受けて、彼は命を取られた。
彼は自らの苦しみの実りを見
それを知って満足する。
わたしの僕は、多くの人が正しい者とされるために
彼らの罪を自ら負った。

（イザヤ書53章6～7節、11節）

預言者イザヤは、イエスのご受難にあまりにも似た苦しむ僕《しもべ》について預言しています。人々はずっと後の時代になり、この箇所はイエス・キリストが私たちのために引き受けてくださった十字架の出来事だと悟りました。

イエスの裁判は不正なものでした。次々と偽の証言が出されましたが話の辻つまが合いません。ついにピラトは「わたしはこの男に罪を見出せない」（＊注1）と大勢の前で言います。罪がないならば釈放するべきです。しかし、民衆の騒ぎが静まらないのを恐れてイエスを鞭で打たせるのです。

ユダヤ人の律法では鞭打ちは四十回までと決められていました。四十回を越して受刑者が死んでしまわないように、数回手前で止めるのが普通でした。しかし、イエスは異邦人（聖書ではユダヤ人ではない人のこと）に打たれましたので、四十回をはるかに超える数で打たれたため、出血のあまり死にかけました。鞭の先には、鉄の玉や鋭い凶器がつけられています。皮膚は裂かれ、肉が飛び、骨が露出しました。ピラトは、全身血だらけになった瀕死のイエスを民衆の前にさらして「見よ、あなたたちの王だ」と言いました。これほど痛めつけたのだからもう満足だろうということです。しかし群衆は収まらず「殺せ。殺せ。十字架につけろ！」と叫びました。

ピラトは「罪を見い出せない」と言った方を十字架にかけます。

イエスは重い十字架の横木を処刑場に運ばなければなりませんでした。主は力尽き、何度もお倒れになります。聖人たちの残した書には、イエスがお倒れになったとき顔を打ち付け、頬を骨折したとあります。四十キロ近い重さの横木です。それだけでもひどい拷問です（＊注2）。一人で運ぶならゴルゴタに着く前に死んでしまうでしょう。ローマの刑吏は通りかかったキレネのシモンに横木を担がせました。衰弱しきったイエスはその後をついて行きます。

ゴルゴダにつくと、全身傷だらけのイエスの服をはがして裸にしました。そのとき、どれほどの痛みを味わったことでしょう。両手首は太く長い釘で十字架に打ち付けられ、両足は一つにあわせて一度に打ち付けられました。イエスは燃えるような苦しみの中で彼らのために祈っています。「父よ、彼らをお許しください。自分が何をしているのか知らないのです」。苦痛の中にあっても、イエスの気高く美しい魂は汚されません。

十字架が立てられると苦しみはさらに激しさを増します。そのお姿を間近で見ながらイエスのご受難を共にしたのは、母マリアと使徒ヨハネ、そして女性たちでした。イエスの足もとから全身に波のように走るけいれん、繰り返し訪れる死の苦悶を見ながら聖母は筆舌に尽くせない苦しみをイエスと共に御父にお捧げしました。その上、周囲からののしられ、罵倒され、人としての尊厳を踏みにじられる息子を見つめることは大きな深い悲しみでした。イエスは神としての身分を捨てて人になられただけでなく、人としての尊厳すら奪われることに身を委ねられました（＊注3）。すべては私たちの罪を償うためです。
イエスは息を引きとられる直前、母マリアとヨハネを見て「婦人よ、ご覧なさい。あなたの子です」と言われました。また、ヨハネに「見なさい。あなたの母です」とマリアを示されました。これは、母の世話をヨハネに頼んだのではありません。ヨハネは「人類の代表」としてマリアを母としていただいたのです。マリアはこの時に全人類の母となりました。それは天の御父の望まれたことでした。
インドのイエズス会司祭、フイオ・マスカレナス師はこう述べています。

最後の福音書が詳しく語っているように、マリアを私たちに霊的な母として与えてくださった「後に」なって初めて、イエスは「成し遂げられた」（ヨハネ19章28～30節）と言われたのです。マリアを私たちに与えることは、十字架上のイエスの最後の瞬間の思いつきではなく、永遠の昔から御父に託されていた贖いのみ業の一部でした（＊注4）。

午後三時にイエスは息を引き取られました。その時、神殿の奥の垂れ幕が上から下までまっ二つに裂けました。

　私たちを救うために、「神」が死なれたのです。エルサレム中の人がイエスの死を目撃しました。イエスは有名でしたしゴルゴダは丘の上です。誰もがこの事実を確認しました。

　その日は金曜日でした。日没から安息日が始まります。安息日は仕事をしてはいけない日ですので早く遺体を木から取り下ろさなくてはなりません。そのような場合、受刑者の死を早めるために足の骨を折るのが当時のやり方でした。しかし、イエスはすでに死んでおられたので足は折らず（ヨハネ19章36節）、兵士が槍でわき腹を突き刺しました。それは、「その骨は一つも砕かれない」という聖書の言葉（＊注5）の実現だと書かれています。イエスの死は、エジプトを脱出するときに、イスラエル人を救った「過越の小羊」が果たした役割を全人類のためになさることでした。イエスの死によって、罪と死はもはや私たちに対する力を持ちません。イエスの愛を受け入れるならすでに死から生命に移っているのです。

　死は彼らの上を「過ぎ越し」ていくのです（＊注6）。

　アリマタヤのヨセフという議員が遺体を引き取りたいと願ったのでイエスは彼の新しい

墓に埋葬されました。

【聖書】イザヤ書五三章三～一二節、ヨハネ一九章一～三〇節

（＊注1）ヨハネ一九章六節
（＊注2）「パッションガイドブック　100のQ＆A」（ドン・ボスコ社）八二頁
（＊注3）フィリピの信徒への手紙　三章
（＊注4）『聖書は永遠のいのちの言葉』レヌ・リタ・シルヴァノ／フイオ・マスカレナス共著（HISRO発行）九七頁
（＊注5）出エジプト記一二章四六節。イエスは「過越の小羊」であるという意味。『解説「ヨハネ福音書・ヨハネの手紙」』（教友社）一四四頁。
（＊注6）「パッションガイドブック　100のQ＆A」（ドン・ボスコ社）二二頁

二十一、イエスは復活された！

三日目の夜明けに、マグダラのマリアやイエスを愛していた女性たちは、もう一度ていねいにご遺体に香料を塗り直したいと思い、墓に向かいました。墓に着くと、入り口をふさぐための大きな石が転がしてありました。中をのぞくとイエスのお体が見当たりません。マグダラのマリアが真っ先に考えたのは、誰かがイエスを持ち去ったということでした。彼女は悲しみながら、使徒たちのいる家に駆けつけて「主が取り去られました」と報告しました。ペトロと若いヨハネは二人で墓に向かって走りました。墓は空っぽでした。イエスのお体を巻いていた亜麻布はそのままの形でぺしゃんこになって残り、頭を覆っていた布は離れたところにあるのを見ました。

その日の夕方、家の扉を固く閉じ、おびえていた弟子たちの部屋にイエスがお現われになりました。イエスは復活されたのです！

「あなた方に平和があるように」と言って、傷ついた手とわき腹をお見せになると使徒たちの顔は驚きと喜びで輝きました。自分たちも十字架にかけられるのではないかと恐れて隠れていた彼らは救われる思いでした。イエスは、三日前の処刑などなかったような軽やかな明るい様子です。共に暮らしていた頃、イエスはご自分が祭司長たちや律法学者に苦しめられて殺される、と何度も話しておられました。そして、三日目に復活するともおっしゃいました。しかし、復活について覚えている弟子はいなかったのです。理解することのできない話でした。

ルカ福音やヨハネ福音には、その後の四十日間のイエスと使徒たちの素晴らしいエピソードがたくさん記されています。

ある日、ペトロと他の六人が久しぶりに漁に出ました。夜通し働いたのですが、一匹も魚がとれずに朝を迎えました、そこにイエスが現れて「子たちよ、何か食べる物はあるか」と声をかけました。「ありません」と答えると、右側に網を打つように指示しました。お言葉通りにすると、おびただしい数の魚がかかりました。初めてイエスに出会った日と同じでした。彼らだけにわかる思い出の出来事です。

重い網を引き揚げてから湖の畔で、みんなで朝ご飯になりました。早春の朝です。まだ肌寒いので炭火の温かさにホッとします。魚の焼けるいい匂いがあたりに広がっています。イエスはパンも用意していました。誰も「あなたはどなたですか」と聞きません。弟子たちの裏切りも、逮捕も十字架もなかったようないつも通りの落ち着いた優しいイエスが一緒にいるのです。

イエスが捕らえられたとき、ペトロは三度も「あの人のことは知らない」と言ってしまったので罪悪感に苦しんでいました。食事の後、主は愛情深いなさり方で（＊注2）ペトロを力づけます。その大きな愛と許しは彼の心を開きました。

このような愛を示された神の人イエスは、二千年たった今も変わりません。この瞬間も私たちは神さまの大きな愛に包まれています。

イエスは人間を愛し、私たちの罪を御父に許していただくために命をささげました。聖書には「だれもわたしから命を奪い取ることはできない。わたしは自分でそれを捨てる」（＊注1）とあります。イエスは犠牲者ではなく、自分から私たちに永遠のいのちを贈るため、命を差し出したのです。

復活から四十日目、イエスは使徒たちの見ている前で天に昇られました。これをご昇天といいます。

イエスは弟子たちにこう言われました。
「全世界に行って、すべての造られたものに福音を述べ伝えなさい。（中略）信じる者には次のようなしるしが伴う。彼らはわたしの名によって悪霊を追い出し、新しい言葉を語る。手で蛇をつかみ、また、毒を飲んでも決して害を受けず、病人に手を置けば治る」。

【聖書】ヨハネ福音十章十一節b～十二節、十四～十八節

（＊注1）ヨハネ福音一〇章一八節
（＊注2）ヨハネ福音二一章一五～一八節。イエスはペトロに三度「イエスを愛している」と言わせてこの罪を帳消しにした。美しい場面。

二十二、聖霊が注がれる

イエスは十字架にかかる少し前に、弟子たちにこう約束してくださいました。「わたしはあなたたちを孤児にはしない」。そして、「わたしは父にお願いしよう。父は別の弁護者を遣わして、永遠にあなたがたと一緒にいるようにしてくださる。」（＊注1）と。

この方（聖霊）が来られると弟子たちはこれまでのイエスの言葉と行いの意味がよくわかり、他の人々にも伝えることが出来るようになります。

主は「高いところからの力に覆われるまでは、都にとどまっていなさい（＊注2）とおっしゃったので皆はエルサレムでその時（聖霊が来られる時）を祈りながら待ちました。

イエスが天に帰られてから十日目、過越祭から数えて五十日目のことです。その日、聖母マリアと使徒たちが一緒に集まって祈っていると、突然天から激しい風が吹いてくるような音が聞こえました。そして、炎のような舌が分かれ分かれになって現われ、一人一人の上にとどまりました。「一同は聖霊に満たされ、〝霊〟が語らせるままに、他の国々の言葉で話し出した」（＊注3）と書かれています。イエスがご昇天のときに話された、「信じるものに伴うしるし」の一つ、「新しい言葉」とも呼ばれた「異言」（＊注4）の賜が与えられたのです。異言は神をほめたたえる賛美の言葉です。約束通り、ほんとうに聖霊が弟子たちに注がれたのです！　実に素晴らしいことです。

この日は、モーセが神さまから律法をいただいたことを記念する「五旬祭（ペンテコステ）」でした。エルサレムにはいろいろな地方からユダヤ人が来ていました。ペルシア地方、メソポタミア地方、エジプトやリビア地方、ローマから来て滞在中の人、クレタ島からも。彼らは祝いのために神殿に集まっていたのですが、使徒たちが聖霊に満たされて、自分たちも知らないはずの様々な言葉を語るのを耳にしてあっけにとられました。「話をしているこの人たちは、皆ガリラヤの人ではないか」。

時が来て、すべての人に聖霊が注がれることについては旧約のヨエル書で預言されています。

わたしはすべての人にわが霊を注ぐ。
あなたたちの息子や娘は預言し
老人は夢を見、若者は幻を見る。
その日、わたしは
奴隷となっている男女にもわが霊を注ぐ。
（ヨエル書3章1節）

ヨエル書の「夢や幻」は、想像から生まれた他愛のないもののことではありません。エレミヤのような旧約の預言者たちが神から示された夢や幻と同じもので、神からのメッセージです。

聖霊を受けた日を境に弟子たちは別人のように力強く福音を述べ伝えます。ユダヤ人なら誰もが待っていたあのメシア、救い主はすでにいらしたのです。彼らはメシアであるイエスを十字架につけて殺してしまいました。ところがこれは神の大きなご計画の一部だったのです。弟子たちはイエスのご生涯の意味がはっきりとわかりました。神は、イエスがなさったことと、イエスがどなたであるかを全世界に述べ伝えるように望まれています。使徒たちにはもう恐れるものがなくなりました。無学なペトロが聖霊に満たされ、堂々とイエスの出来事について説教すると、多くの人は胸を打たれました。感動した人々にペトロは言いました。「罪を悔い改めなさい。めいめいイエス・キリストの名によって洗礼を受け、罪を許していただきなさい。そうすれば賜として聖霊を受けます」。

新しい時代の始まりです。私たち人類は、イエス・キリストの一回限りの十字架の贖いによって、無償で「義（正しい）とされた」のです。私たちは過ちに陥る弱い者ですが、罪を悔い改めるならイエスの十字架の死のおかげで神から「正しい者」と見なされるのです。

ペトロが説教をした日に三千人が「イエス・キリストの名による洗礼」を受けました。キリスト教会の誕生です。

この後、弟子たちはどんなに迫害され、苦しめられても「イエスこそキリスト（救い主）です」と喜びにあふれて述べ伝えてやみませんでした。最後の晩餐で「記念として行ないなさい」とイエスがおっしゃった通りに「パンを裂く式（ミサ）」を行ない、ご聖体（イエスのお体）を拝領して力を受けました。

こうしてキリストの教会は世界中に広がりました。どの国も、どの時代にも迫害はありましたが弟子がいなくなったことはありません。二千年たったいまも神の国は増え広がっています。私たちの目には悪の力が大きく見えます。しかし、神の国は辛子種のように小さく静かに始まり、人間がたどりつけない激しい愛の力で世界を動かすのです。

キリストの弟子たちは今日も愛を運び、世界中で福音を述べ伝えています。

【聖書】使徒言行録二章、ルカ二十八章四十八～四十九節

（＊注1）ヨハネ一四章一五節
（＊注2）ルカ二四章四九節
（＊注3）使徒言行録二章四節
（＊注4）マルコ一六章一七節

第四章　祈り

一、ロザリオの祈り

皆さんはロザリオの祈りを知っていますか。

ロザリオはネックレスに似ているので、時々、首に下げている人を見かけますが、実はアクセサリーではないのです。お祈りを数えるもので数珠に近いといえるでしょう。十粒ずつまとまって並んでいる珠をつまぐり、天使の「お告げ」（本書第一章一を参照）から始め、イエス＝キリストの全生涯を想像しながら祈るためのものです。

祈り方はこうです。初めに輪の先端の十字架の部分で★「使徒信条」を唱えます。その後は★「主の祈り」を一度唱え、★「アヴェマリアの祈り」を三回、★「栄唱」（珠はありません）を一度唱えます。この部分は導入です。さて、いよいよ始まりますが、ロザリオの輪のつなぎ目（メダイのような部分）のすぐ下の珠で「主の祈り」を一回、「アヴェマリアの祈り」を一つずつ珠をくりながら十回、最後に「栄唱」で結ぶ。これが一セットです。五セットくりかえすとロザリオの輪を一周することになります。輪の先端の十字架は「すべてはキリストから始められ、すべてがキリストへと向かう」ことを意味しています（＊注1）。

ロザリオは「ばらの花冠《はなかんむり》」という意味です。珠のひとつはバラの花の一輪ですから、一周するとマリアさまに、祈りの花冠をさし上げることになるのです。とても美しい伝統的な祈りです。教会でも家庭でもよく唱えます。

十三世紀の聖ドミニコ（＊注2）に、聖母が約束されたことを記します。

1、ロザリオを熱心に唱えたすべての人に、わたし（聖母）は特別な保護と豊かな恵みを約束します。

2、ロザリオは地獄に対するとても力強い武器になるでしょう。ロザリオは悪を砕き、罪から救い、異端（＊注3）を追い払うでしょう。

3、ロザリオを通して、あなたが願うことをあなたはきっと得るでしょう。

4、ロザリオを広める人々は、自分が必要とするあらゆる時に、わたし（聖母）を通して助けを得るでしょう。

5、ロザリオを熱心に唱える人はすべてわたしの愛しい子どもたちで、イエス・キリストの兄弟、姉妹（＊注4）なのです。

全世界の教会は、聖堂でロザリオを唱える人に全免償（＊注5）を与える約束をしています。

聖ヨハネ・パウロⅡ世は、『おとめマリアのロザリオ』（＊注6）という本の中で「ロザリオの祈りは（中略）キリストを中心とした祈り」だと書いています。祈りながらイエスさまのご生涯と神に協力された聖母について考えるからです。

これまでは、「喜びの神秘」、「苦しみの神秘」、「栄えの神秘」という三つの黙想がロザリオのすべてでしたが、聖ヨハネ・パウロⅡ世の提案で光の神秘が加わりました。そこでは、1、イエスの洗礼　2、カナでの最初の奇蹟　3、イエスが神の国の到来を告げたこと、4、イエスが、タボル山で光り輝くお姿を三人の弟子にお現しになったこと、5、最後の晩餐でイエスが「ご聖体」を制定されたことを黙想します。

ロザリオの祈りに親しむと聖母とも親しくなれるでしょう。

（＊注1）『おとめマリアのロザリオ』（カトリック中央協議会訳）は教皇聖ヨハネ・パウロⅡ世の

書簡。二〇〇二年に発表された。引用は五十八頁。

（＊注2）十三世紀の聖人。彼は信徒を導くために仲間の司祭に神学を学ばせ、説教修道会「ドミニコ会」を作った。

（＊注3）異端とは、キリスト教の教えに似ているが、イエスの教えではないもの。

（＊注4）マタイ福音書十二章五十節にはこう書かれている。「見なさい。ここにわたしの母、わたしの兄弟がいる。だれでも、わたしの天の父の御心を行う人が、わたしの兄弟、わたしの姉妹、また母である」。イエスには、血縁上の兄弟姉妹はいないが、神の御心を喜ばせる行いをする人は、みなイエスの兄弟であるということ。

（＊注5）全免償は死後の罪の償いを免除されること。生きている人は、煉獄の人のためにこの恵みをゆずることができる。全免償を受けた霊魂はすぐに天国へ迎えられる。許しの秘跡を受け、ミサに与り、全免償のついた祈り（『祈りの友』サンパウロ出版参照）を唱えることで一日に一度受けられる。

（＊注6）聖ヨハネ・パウロⅡ世は、二〇〇二年十月～二〇〇三年十月までを「ロザリオの年」と宣言された。

二、祈りの言葉

★（使徒信条）

天地の創造主、全能の父である神を信じます。
父のひとり子、わたしたちの主
イエス・キリストを信じます。
主は聖霊によってやどり、おとめマリアから生まれ、
ポンティオ・ピラトのもとで苦しみを受け、
十字架につけられて死に、葬られ、陰府《よみ》に下り、
三日目に死者のうちから復活し、天に昇って、
全能の父である神の右の座につき、
生者と死者を裁くために来られます。
聖霊を信じ、聖なる普遍の教会、聖徒の交わり、
罪のゆるし、からだの復活、永遠のいのちを信じます。アーメン。

★
（主の祈り）

天におられるわたしたちの父よ、み名が聖とされますように。み国が来ますように。み心が天に行われるとおり、地にも行われますように。▲わたしたちの日ごとの糧を今日もお与えください。わたしたちの罪をおゆるしください。わたしたちも人をゆるします。わたしたちを誘惑におちいらせず、悪からお救いください。アーメン。

★
（アヴェ・マリアの祈り）

アヴェ、マリア、恵みに満ちた方、主はあなたとともにおられます。あなたは女のうちで祝福され、ご胎内の御子イエスも祝福されています。▲神の母聖マリア、わたしたち罪びとのために、今も、死を迎える時もお祈りください。アーメン。

★
（栄唱）

栄光は父と子と聖霊に。

初めのように今もいつも世々に。アーメン。

★（平和を求める祈り）

主よ、わたしをあなたの平和の道具にしてください。
憎しみのあるところに愛を、分裂のあるところに一致を、
疑いのあるところに信仰を、誤りのあるところに真理を、
絶望のあるところに希望を、悲しみのあるところに喜びを、
暗闇のあるところに光をもたらすことができますように助け、
導いてください。慰められることよりも慰めることを、理解されることよりも
理解することを、愛されることよりも愛することを望ませてください。
わたしたちは、与えることによって与えられ、すすんで許すことによって
許され、人のために死ぬことによって、永遠に生きることができるからです。

★（聖霊への祈り）

聖霊来てください。あなたの光の輝きでわたしたちを照らしてください。
貧しい人の父、心の光、証の力を注ぐ方。
やさしい心の友、さわやかな憩い、

ゆるぐことのないよりどころ。
苦しむときの励まし、暑さのやすらぎ、
うれいのときの慰め。
恵みあふれる光、信じる者の心を満たす光
あなたの助けがなければ、すべてははかなく消えてゆき、
だれも清く生きてはゆけない。
汚れた者を清め、かわきをうるおし、
受けた痛手をいやす方。
かたい心をやわらげ、冷たさを暖め、
乱れた心をただす方。
あなたのことばを信じて、
より頼む者に尊い力を授ける方。
あなたはわたしの支え。
恵みの力で、救いの道を歩み続け、
終わりなく喜ぶことができますように。アーメン。

★（聖母マリアのご保護を求める祈り）

いつくしみ深い乙女マリア、ご保護によりすがって御助けを求め、あなたの御取り次ぎを願う者が、かって誰ひとり棄てられた者のないことを思い出してください。罪びとの私は、この希望にささえられてあなたに呼び求めます。みことばの御母よ、私の祈りを顧み、御あわれみをもって、この祈りを（願い事を入れる）聴き入れてください。アーメン。

巻末エッセイ

第一回　神さまが一番！

聖書の中で聖母マリアはほとんど姿を現しませんが、イエスが初めての奇跡を行われたのは聖母の懇願によるものと書かれています。カナの婚宴の席で「ぶどう酒がなくなりました」と伝えたマリアに、イエスは「わたしと何の関係があるのですか」とそっけなく答えます。それでもひるまずに「この人が何か言いつけたらその通りにしてください」と召し使いに言う、きりりとした女性としてマリアは登場しています。（ヨハネ2章）。そこには神の子イエスは必ず何かしてくれる、という全面的な信頼があります。

私は「神さまを一番にする」という価値観の家庭で育ちました。両親とも熱心な信者で毎週日曜は欠かさずにミサにあずかりました。食前食後の祈りも一緒、晩の祈りも家族そろって唱えました。子供のころ、日曜のミサはちょっぴり辛かったのをおぼえています。ちょうどその時間にテレビで手塚治虫の「鉄腕アトム」があったからです。まだ録画機能のない時代でした。平日は両親の帰りが遅いので、妹と私は口をぽかんと開けてまったく自由にテレビを見ていました。しかし、日曜の朝だけはダメです。これは、結構つらいことでした。「ああ、カトリック信者である限り、私は『鉄腕アトム』を見られないんだ!」と悲壮な気持ちになったものです。子供にとってアトムは強烈な魅力です。しかし、「神さまが一番!」と信じきっている両親に連れられてミサにあずかると、いつのまにかアトムのことはすっかり忘れて「イエスさまはやっぱりいいなぁ」という気持ちになったのは不思議です。

私には「神さまを一番にする」日がもう一日ありました。土曜学校（=教会学校）です。午後、友達と思い切り遊んでいる時、街の時計を見て、三時前になると遊びを中断して一人で教会に行くのです。それは子供にはなかなか努力のいることでした。誰も見ていない上に遊びは面白くてたまらない。友達とも別れなければなりません。私は八歳からは一人でバスに乗って教会に行くように教えられましたが、まだ漢字が読めなかったので、行く先を間違えて時々逆方向に乗ってしまいました。そういう時はいつも神さまの温かい視線を感じていました。やっと教会につくとそこでしか会えない友達がいて、またアッという間に楽しい時が流れました。

ただ一つの決断だけが重要でした。「神さまを一番にすること」。そのために、時が来たら、いましていることをパッとやめて、呼ばれている所へ行くことです。神さまは、私たちの小さな楽しみを後回しにするに値する方なのです。

私の家庭は大きな問題を抱えていましたが、両親は子供を神さまの家（教会）へ連れて行きさえすれば間違いない、と信じていたのでした。

大人になって人生の激流にのみこまれそうになった時、私は神さまに一番に相談しました。するといつも不思議な助けが来てのり越えることができました。それはどんな時も「神に全幅の信頼をおく」ことを両親が教えてくれたからだと思います。

第二回　神父さまの悪口を言わない

今もあまり変わりませんが、私は子供の時、とても怒りん坊でした。銭湯の帰り道、よく父におんぶをしてもらいながら、いい気分でいろいろな話をしました。しかし、いったん父が私の気にさわるようなことを言うと、「お父さん、キライ！」と言っていたようです（自分ではよくおぼえていませんが）。

教会学校から帰ってくると私はそこであったことを何でも父に話しました。しかし、「神父さまに腹が立った」と言うと父は決して話を最後まで聞いてくれませんでした。途中でさえぎるのです。「神父さまの悪口を言ってはいけないよ。神父さまは『神の代理者』なんだからね。神父さまをキライ！　と言うことは、神さまをキライ！　と言うのと同じなんだよ」と言うのです。いつも私の話をじっくり聞いてくれる優しい父が、このことだけは決してゆずりませんでした。私の方は悪口を言っている、というほどの思いはありません。誤解されたようで悲しくてたまりませんが、続けることは許されないので黙っていました。やがて大人になると、父がどんなに大切なことを私に教えてくれたかがよくわかりました。

司祭はその全生涯を神と私たちに捧げてくださった方です。イエスさまが直接にその方を選んだのです。「私の代わりに人々の心の世話をしてください。私があなたに力を与えますから、あなたは自分の弱さや足りなさを恐れなくていいのです。あなたは私に信頼して、教会の伝統に忠実に従い、よく祈って私につながっていなさい。私があなたに与える使命はあまりにも大きくて、自分の力に頼るなら決して果たせません。でも私に信頼してつながっているなら最後まで司祭職を果たせます」と言って、呼びかけたのです。その呼びかけに「はい」と言って、勇気を出して使命を果たそうと努めているのが神父さまなのです。司祭職は私たちが考えている以上にむずかしく、そして尊い仕事なのです。それは一つの奇跡のようだと私は思います。また、神さまは司祭の心に悪魔からの激しい攻撃があることをおゆるしになります。私たちは、神父さまのどんな弱さを見ても裁かずに、とにかく祈らなければならないのです。神父さまは、私たちのために、自分の夢や願いをみな捨てて、ただ神の声に聞き従おうとして大きな冒険をしているのです。

私たちは時々、神父さまに要求ばかりして何も助けないことがあります。もし自分の息子が、人のために何もかも捨てて奉仕しているのに、感謝されないだけでなく批判ばかりされていたら母親はどれほど悲しいことでしょう。神父さまの批判をすると、きっとマリア様が悲しむだろうと思います。

ヨハネの福音十九章では、十字架の上でイエスさまが、聖母に「婦人よ、ご覧なさい。あなたの息子です」とヨハネを指し示しています。ヨハネはイエスに最も愛された弟子です。司祭もまたイエスに愛されている弟子ですからマリア様の息子なのです。

第三回　貧しい人に愛を示す

今回は父方の祖母の話をしようと思います。祖母は、早く病気で亡くなったため、私は会ったことがありません。叔母と父の話によると、祖母はクリスチャンではありませんでしたが、貧しい人に非常に心を砕く女性でした。食べるものにも困っている人が、子供の手をひいて時々物乞いに来ると、まだ一度もそでを通したことのない買ったばかりの服をたんすから出して、「玉ちゃん（叔母は玉子という）、このお洋服をあの子にあげていいですか」と膝を正して聞いたといいます。叔母は内心「もったいないなぁ」と思ったそうですが、「はい」と言って我慢したそうです。ある時は、息子（私の父）からプレゼントされたばかりの真新しい角巻きを寒い冬の日、貧しい人に黙って差し出しているのを見たそうです。このような母親に育てられたためか叔母も「マリアさま」と呼ばれるほど優しい人で、私もとても愛されました。

朝鮮半島が日本の侵略を受け始めた頃、祖父は生活苦のあまり、日本に働きに来ました。すでに古くからの信者だった祖父は、北海道の神父さまを頼って教会に移り住んだのです。祖母はまかない（食事を作る人）として働き、ドイツ人の神父さまに教えられたとおりに兎をほふり、上手に洋食を作っていたといいます。生活に余裕がないことを子供ながら知っていた叔母は、ままごとセットが欲しかったのですが、ねだることができませんでした。ある日、神父さまが何日か外出しました。帰ってくると「玉ちゃんはどこですか？」と尋ね、突然立派なままごとセットをプレゼントしてくれました。それはどれもこれも素晴らしく、お茶碗はプラスティックではなく、陶器でできていました。「食事の時に本当に使えたのよ」とうれしそうに叔母は話していました。家族は優しい神父さまと接し、子供たちはみんな幼児洗礼を受けていました。

その後一家は教会を出て札幌に移り住み、何十年かたちました。祖母は胃ガンになってカトリックの病院に入院しました。当時は痛み止めを使うことが普通ではなかったので、非常に苦しみました。まだ五十代でしたが、ガンの末期を迎えていました。

ある日、祖母は病室で背の高い老紳士を見て、「エマニエル・ゼントグラフ神父さま！」と大声で呼び止めました。振り返ったのは共に暮らしたあのなつかしい神父さまでした。

神父さまも驚き、再会を喜びあいました。それから祖母は洗礼を望んでいると話し、すぐに受洗したのです。数日後、祖母は亡くなりました。神父さまは、病人にご聖体を運ぶために来たのでしょう。まさに、ちょうど「その時」に祖母が同じ病院に入院していたのです。この話を聞くたびに、神さまのはからいに身震いするほど感動します。そして、祖母の生き方を考えると、貧しい人や苦しむ人に愛を示す大人がそばにいることは子供にとって幸せなことだと思いました。それを見ていた子供は、将来、自然に人に愛を示すようになれるからです。

第四回　ご聖体のイエスさまを愛する

初聖体の日のことは今でも鮮明におぼえています。その日は朝、雨が降っていたので長靴をはいて教会に行きました。前日、シスターに教えられたとおりに口を大きく開けてご聖体をいただきました。小二になったばかりの私は、パンの形の中に隠れているイエスさまを確かにお迎えしたと信じました。でも、何も感じません。「ごめんなさい。何も感じないけど、私はあなたを信じています」と心の中で言いました。ご聖体は溶けて私とひとつになってくださいました。ミサの後は晴れたので太陽がまぶしく、長靴が気になったのをおぼえています。とてもうれしい日でした。

パンになられたイエスさまは聖堂の小さな箱（ご聖櫃）の中にいつもとどまられ、どんな時も私たちの訪問を待ってくださいます。聖堂に入ったらおしゃべりをせず、私たちを熱愛している神さまと話します。神さまは全宇宙を造られた王の中の王です。ですから、服装にも気をつけます。運動靴やサンダルで王様の前には出ません。イエスさまは私たちを愛するあまり、「神」という身分を投げ捨てて「人」となってくださいました。でも、その愛は、人々には受け取ってもらえずに十字架にかけられ殺されてしまいました。その後、イエスさまは復活して天に帰られましたが、今度はさらに「パン」にまでなられて私たちを待っていてくださるのです。人の手で運ばれるままになっておられるイエスさま。私たちがいつかその愛に気づき、応えていくことをじっと待っていらっしゃるのです。それほどにまで私たちに身をゆだねておられるイエスさま。

アシジの聖フランシスコは、どんなに遠くからでも教会の塔が見えるとご聖体のイエスさまを思って、地にひざまずいて祈ったと言われています。聖フランシスコはいつも泣いていました。「愛が愛されていない」と言って。愛そのものであるイエスさまはこれほどまで私たちと一緒にいることを望んでおられるのに、私たちはご聖体の価値をあまりわかっていません。だから無関心で冷たい態度をとっています。聖人はそれを鋭く感じ、泣いていたのです。

ご聖体は実に不思議です。ご聖体をいただくと私たちの心には光が注がれ、力と喜びがわきます。つまらない考えはどこかへ飛んでいってしまい、大切なことに心が集中します。私の叔父は、初めてミサにあずかった時、とても驚いていました。「あのせんべいのような白いパンを神さまだと信じて、深々と頭を下げるのはどうもねえ」と。やがて叔父は、聖人のような司祭に出会って洗礼を受けましたが、ご聖体がイエスさまであると信じられるのは神さまの助けによるものです。私たちは、もっと深く信じ、もっとよくご聖体のことがわかるようにマリアさまにお願いしましょう。神さまが「人」となられる時、マリアさまはお手伝いをなさいました。今度は、パンになられたイエスさまを理解し、もっともっと愛せるように、マリアさまにお願いしてみましょう。

第五回　ロザリオを好きになった日

聖書の中で私が最も好きな場面は、「聖母へのお告げ」です。大天使は、素朴で信仰深い乙女マリアのもとへ神のご計画を告げにやって来ます。

ルカ福音二章を読み、この情景を思い浮かべるとなぜか風がさっと通りすぎたような涼やかな感じがします。天使が去った後のさわやかな空気でしょうか。マリアさまは明るい朝の光に包まれ、あどけなさと賢さをあわせもった横顔を見せています。金色のうぶ毛が額から鼻までをやわらかくとりかこみ、愛らしい赤い唇が「はい」と答えているようです。

「お告げ」の場面を絵にした作品の中で最も美しいと言われているのがフラ・アンジェリコの「受胎告知」です。彼は修道士でした。名声を求めず、ひたすら神さまをお喜ばせしたいと考え、祈りながら描いたのでしょう。この絵を見つめていると自然に心が温かくなり、祈りに誘われるのです。天使の羽は様々な色でていねいに描き分けられています。聖母の薄いピンクのお召し物も可愛らしいのです。これからとてつもない出来事がその身に起こるとは思えない落ち着きと静けさに満ちています。神さまはひそやかな方法で遠大な計画を実行なさろうとしています。マリアの表情は真剣そのものです。天使の言葉を一つも聞き漏らすまいとしているように見えます。
「アヴェ・マリアの祈り」とは「お告げ」の場面を表したものです。

「アヴェ、マリア、恵みに満ちた方、主はあなたとともにおられます。あなたは女のうちで祝福され、ご胎内の御子イエスも祝福されています。神の母聖マリア、わたしたち罪びとのために、今も、死を迎える時も、お祈りください。アーメン。」

素朴なこの祈りを五十三回つなげたものが「ロザリオの祈り」です。「ロザリオ」とは「バラの花冠《はなかんむり》」という意味です。冠の輪を五つの部分に分け、私たちを救いに来られたイエスのご生涯を思い起こしながら祈ります。宇宙をお造りになった「神」が「人」となり、この地上に来られるとは驚くべきことです。その始まりが静かでひっそりとしているのは、人を驚かすのを望まず、自然ななさり方を選ばれる神さまの優しさだと思います。

フランスのルルドで一八五八年に聖母は一人の少女にお会いになりました。彼女は十四歳でしたが貧しく病弱でまだ字が読めませんでした。しかし、正直で謙遜でした。聖母が天使の訪れに驚いたように、ベルナデッタも聖母のご出現を思い浮かべたこともないでしょう。神さまはいつも貧しい人や周囲から尊重されない人を選ばれます。彼らは神に心から信頼を寄せているからでしょう。何ももたない人は、神からすべてをいただくのです。

さて、私も小学生の時に、神父さまにプラスティックのロザリオを初めていただきました。土曜学校で、みんなと祈るとあまりにも長くてため息が出ましたが、「バラの花冠」という説明は美しくて好きでした。でも、家に帰ってもう一度妹と祈ってみました。なかなか指でつまぐる珠と祈りの数があいません。時々笑いがこみあげてきます。祈っている時に笑うと父に叱られます。抑えようとするとなおおかしさが増します。笑いをかみころして、妹と肩をふるわせてやっと祈り終えると、ドーッと倒れてころげまわって笑ったのは今もいい思い出です。

第六回　死者のために祈る

子どもの時、信仰について教えてくれたのは教会と家庭でした。土曜学校で新しいことを習うと私は必ず家に帰って両親に話しました。ご聖体はイエスさまご自身ですよ、だからご聖体のある聖堂ではおしゃべりをしてはいけない、と教会で教えられると父に確認します。「あの箱の中には何が入っているの?」「ご聖体が入っているんだよ。箱の中にはイエスさまがいらっしゃるんだよ」。父が確信をもって答えてくれると、私は聖堂には神さまがおられる、とその時から信じました。母は日曜のミサがどんなに大切か身をもって示してくれ、父は「公教要理（キリスト教の教え、教義）」的なことを教えてくれました。子どもの経験にあわせてわかりやすく、しかし妥協なく説明してくれたのです。

小四の時、私は小さな茶色の犬を飼っていて、エルと名づけました。エルのかわいらしい出来事ばかりを書き集めた「エルの日記」を作り、薄緑の表紙にいろいろなしぐさを描いて茶色にぬりました。それを赤いリボンでとじて「エルは今日、私が笛を吹くと遠吠えのようにして一緒に歌ってくれた」などと書いていました。エルは私が学校から帰ると坂の上からすぐに私を見つけ、耳を後ろに倒して口をあけ、笑っているような顔で弾丸のように走ってきます。そばまで来ると急ブレーキをかけるのがまたかわいいのです。私は自分が犬なのか、エルが人間なのかわからないほどエルが好きで、大切な友達でした。

やがてエルが死ぬ日がきました。冬の寒い日で体はすぐに石のように硬くなりました。私はベッドにつっぷしてしばらく泣きました。生まれて初めて味わう「死」だったのです。「お父さん、エルは天国に行ったのよね」。ある日父に聞くと「エルは犬だから天国には行かないんだよ。天国は人間だけが行くところだよ」と答えるのです。私はびっくりしました。父はストレートすぎたかもしれません。でも、父はあいまいな話し方はしませんでした。「人間と動物はちがうんだよ。人間は神さまに似せて造られたから霊魂は永遠に残る。人は死ぬと一人で神さまの前に立ち、それまでどんなふうに生きてきたかを問われる。神さまが喜ばれるように愛をもって生きた人はまっすぐに天国に入り、まだ十分でなかった人は煉獄に行く。そこで、苦しい償いをして魂が清められたら天国に入るよ。今、私たちが煉獄の霊魂のために祈ると償いを軽くして助けてあげられるんだよ。天国に入ったその霊魂は、友本枝ちゃんのために感謝してたくさん祈ってくれるよ」と教えてくれました。「地獄はどんなところなの?」と聞くと「地獄は永遠に神さまから離れる恐ろしい所だよ。大きな罪を悔い改めないままで死ぬと地獄にいくよ。地獄は終わりのない苦しみで、神さまももう助けられないんだよ」と言いました。この話の後、天国や煉獄のことをよく一人で考えたものです。そして、時々死者のために「アヴェ・マリア」を祈りました。マリアさまは私たちのママですから、まだ天国に入っていなければ心配し、助けてくれると思ったからです。

第七回　静かなひと時をつくる

子どもの時、日曜日に教会へ向かう道で、私の家族はあまり話をしませんでした。でも、それは重たい沈黙ではありません。母がもともとおしゃべりな方ではなく、人のうわさ話をしない人なので生活の中によく沈黙があったのです。

しーんと静まりかえった朝、すがすがしい空気、バスを降りると目の前にある真っ白な教会の落ち着いた姿は、私のとても好きなものでした。

それから、時々小学校に遅刻するときに味わう一人きりの静かな「時」も私は大好きでした。一刻も早く授業に間に合わせようと走るどころかその時間を楽しんでいるのです。道ばたに捨てられていた丸太ん棒を平均台に見立ててゆらゆら歩いてみたり、雑草が小さな花をつけているると見入ったりしてこの上なくのんびりした気分でいました。誰にもじゃまされないでイエスさまと二人きりでいるような不思議な楽しさがあったのです。学校に着くとすぐに一日が過ぎてしまうので、朝「静かな時」を楽しんだことはすっかり忘れます。たまに遅刻すると、またイエスさまと二人きりの散歩を楽しみました。

高校生になったある土曜の夕方、教会で神父さまと青年会の聖書研究会がありました。みんなが遅れたので一人で司祭館で待っていると、ふと、またあのしぃーんとした何とも言えない心地よさに包まれました。子どもの時、遅刻して一人で学校に向かう朝、イエスさまが私に笑いかけ、すぐそばにいてくれるように感じてうれしかったあの気持ちがよみがえりました。心の底に染みわたるような平和です。ずっと後になってからわかったのですが、これは神さまが私を「祈り」に呼んでおられたのでした。イエスさまの優しい呼びかけが心に触れていたのです。それは二十代になって黙想会に出かけるようになり、同じ喜びを祈りの中でくりかえし味わったのでわかりました。この、羽のように心にそっと触れる優しい呼びかけは、騒音の中では聞き取れず、静けさの中で感じ取るものでした。

最近は、家庭の中で沈黙の時を味わうことは、少ないのではないでしょうか。家族で声をそろえて祈った後は、そっと神の声に聞き入るひと時があると、とてもいいと思います。祈りの時ではなくても、お料理をするときなどに、母親が少し黙って静けさの中に身をひたすようにすると子どもたちも少しずつ静けさを愛するようになり、いつか神さまの声に耳をすますようになると思います。

ルカ福音書二章には、迷子になったイエスさまが神殿で「わたしが自分の父の家にいるのは当たり前だということを知らなかったのですか」と両親に言いました。マリアさまはその言葉の意味がわからなかったのです。しかし、「母はこれらのことをすべて心に納めて」いました。聖母は神の声に聞き入るために沈黙したのでしょう。

第八回　祈る姿

小学生の頃に私が通っていた教会の神父さま（メリノール宣教会）は、みなとても熱心でした。ミサの説教は、子どもにもわかるように工夫されていましたので、今でもおぼえている話があるほどです。子どもの心にポンと入った説教は、いつか芽を出す種のようです。

しかし、聖書朗読は耳をすまし、頭をフル回転して理解しようとしても、いつも途中でもやもやとした雲の中に入ったようにわからなくなりました。それが毎度残念でした。「神さま、私に聖書がわかるようにさせてください。いつか勉強させてください」と何度も祈りました。

大人になって、ひょんなことから神学を勉強するチャンスがめぐってきました。ある講義を聞いている時、「あっ！　神さまは子どもだった私の祈りを今、聞き届けてくれたんだわ」と突然気づきました。その頃は、子どもの頃に聖書を知りたいと熱望していたことをもうすっかり忘れていました。神さまはどんな祈りにも必ず応えてくれます。本人も忘れている祈りにさえ応えてくれるのです。

教会のお聖堂《みどう》には大きなイエスさまの絵がかかっていました。両手両足と胸には赤い大きな傷あとがついていました。それは乾いた傷、もうなおった傷あとのようでした。足元はお花でいっぱいです。イエスさまは笑っておられ、両手を軽く広げて教会に来る人々を迎えています。お顔の周りは四重の光の輪がついており、輝いているので、復活したイエスさまだとわかりました。きっと天国で私を迎えてくれる時もこうなのかな、と勝手に解釈していました。

土曜学校が終わると、しぃーんとして何だかいい匂いのするお聖堂で、私はよく絵の中のイエスさまとお話をしました。傷あとは大きくても、傷つけた人を怒っている様子もないこのイエスさまが大好きでした。時々、もっとイエスさまのそばに行きたくなり、絵の中に入りたいと思うほどでした。土曜の午後ですが、大人もお聖堂で祈っています。「ご聖体訪問」という言葉は知りませんでしたが、お聖堂に神さまが住んでいらっしゃり、私たちが祈りに来るのを待っていらっしゃることは知っていました。

家では家族が一緒に祈れない日、母はよく祈祷書を手にもち、一人で祈っているのを目にしました。夕の祈りの時に母のそばで遊んでいると、温かい手を頭の上に置いて祈ってくれることがありました。そんな時、口数の少ない母の優しさを感じました。父は「お告げの祈り」が好きで、昼の十二時と夕方の六時には小さなベルをチャリーンと鳴らし、大きな声で「お告～げのいの～り」と言って家庭祭壇の前に立って祈り始めます。祈る姿は私のまわりにはごく普通にありました。祈りは特別なことではなく、神さまを家族の一員として自然に受け入れ、時々、神さまのほうを向いては挨拶している、という感じだったのです。

マリアさまの子どもの私たちもどんなことも祈りながら進めていけますように。

第九回　愛と苦しみ

私の父は子供のような心をもった人で、愛情のこまやかな人でした。リジューの聖テレーズもそうですが、純粋な心をもった愛のある人というのは、この世では非常に苦しい人生を歩むことになります。父が亡くなって三十年以上がたちますが、「苦しみ」とか「愛」について考えると自然に父を思い出します。父は人の心にたくさんの美しい花を蒔いて、次の部屋（天国）に移りました。

ある時期、叔母が重いうつ病になったことがありました。ひどく重くなってからやっと父に電話をしてきました。父と叔母は両親を早く失って、異国（日本）できょうだいだけで暮らしてきたので特別な愛情につながれています。叔母は父をとても尊敬し、遊びに行くとよく父の若い頃の話をしてくれました。その父を心配させまいと隠してきたうつ病が、とうとう我慢しきれなくなったのです。父は「知らなかった。知らなかった。玉ちゃんがそんなに苦しんでいたなんて。ごめんね。兄さんは何にもしてあげられないから、せめて玉ちゃんと一緒に泣くよ」と言って、本当に電話口でおんおんと泣きました。父はその頃すでに年老いており、叔母の治療のために手助けすることができなかったからです。父はこれほど優しい人でした。私は聖書を読んでイエスの愛に触れ、涙が出るとき、父から受けた愛を思い出すことがあるのです。イエスの愛は、私たちの悲しみ、苦しみを同じ一人の人間のように感じ、わかってくれる愛だからです。

ご受難の前夜、弟子たちと一緒に最後の夕食をとる場面はミサで繰り返し再現されていますが、この時の言葉を思い出してみましょう。「わたしは苦しみを受ける前に、あなたたちといっしょにこの食事をすることをせつに望んでいた」（ルカ22章15節）と、これから受ける苦しみが人々のためであり、しかもその当人は皆、逃げてしまうことを知りながら、最後の親しい交わりを望まれたイエス。「取って食べなさい。これはわたしの体である」（マタイ26章26節）と、その犠牲がすべて私たちのためになることを喜んでおられるイエス。このイエスの愛を思うと、私たちがどんなに神の愛をまだ受けとめていないかを思い知ります。

四旬節になると教会では「十字架の道行き」の祈りをします。私もこの祈りが好きですが、三十代の前半、信じて命がけで取り組んでいたことがすべて崩れ去ってしまうという体験をしたことがあります。その年の四旬節は、イエスのお苦しみを黙想して祈るのは無理だと思いました。それでイエスに「ごめんなさい。自分の苦しみだけで精一杯です。この上、あなたのお苦しみを黙想できません」と言って、四十日間、ただの一度もご受難の黙想をしませんでした。四十日たってから、祈りの中で一つの言葉を聞きました。

「私の受難の黙想は、苦しみ自体を思いめぐらすためではなく、私の愛を黙想するためだよ」。

付録

第一章　私に注がれた神さまのいのち

一、胎児であった私を見ていた方

まとめ　（1）～（20）に言葉を入れましょう

1、赤ちゃんがお腹に宿った（1）その人は（2）の人生を歩み始めます。
2、父親とも（3）とも違う「新しい独特な（4）」です。
3、人間の命の始まりは（5）瞬間です。その人がどんな人になるか、プログラムが組み込まれるのは（6）です。
4、最初に、受精卵が二つに分裂すると（7）と（8）の位置が決まります。この段階の細胞は、何にでもなる可能性をもっています。それなのに特定の器官になっていくのは細胞の中に、一人の人の（9）があるからです。これは遺伝子（10）のことです。
5、マザーテレサは、このようにもいいました。「若い男女が愛し合うのは美しいことです。でも愛を（11）しないで。神さまがあなたたち二人を結びつけるまで愛を（12）

に保ってください。そうすれば、（13）の日に、お互いに本当に美しいものを与えあうことができるのです。でもたとえ、まちがいが起きたとしても、（14）を奪わないでください。助け合って（15）受け入れるようになさってください。」

6、性は（16）に直結しているので、一時的な交際には合わない重いものです。

7、胎内の子には（17）の命が注がれています。

8、小さな命は幸せに（18）権利があるのです。

9、私たちには妊娠した後で命を（19）する権利はありません。それは（20）になってしまうのです。

第二章　イエスを愛した人たち

第一話　聖マザーテレサの生涯（神さまの招き）

まとめ

問一　次の文を読んで問に答えましょう。

マザーテレサは、幼い頃、アグネスと呼ばれていました。ある日、教会で①人を見た彼女は「お父さん、①人をなおしてあげる薬はないの？」と尋ねました。お父さんは「お前がそれを発明してくれると嬉しいね」と答えました。アグネスが十二歳の時、②のお祝いに③の伝記を母からプレゼントされました。伝記はアシジという街の富裕な商人の息子の話でした。彼は毎日お金を湯水のように使って友達と遊んでいましたが、すぐに施しをする優しい心ももっていました。神さまの呼びかけによって回心した彼は、ある日サン・ダミアーノ教会で「わたしの家を建て直しなさい」という言葉を聞きます。彼はさっそく教会の修復にとりかかりました。彼は祈り、神に近づき、ついに「第二のキリスト」と言われる大聖人になるのです。アグネスはこの本を読み終えると胸の中に不思議な火がともったのを感じました。それは「自分の幸福のための一生ではなく、特別に④一生」があると知ったからでした。

1、①〜④にふさわしい言葉を入れなさい。

問二　次の問に答えましょう。

2、マザーテレサが三十六歳の時、列車の中でどんなことが起こりましたか。
3、その声は「誰に仕えるように」と言っていましたか。
4、マザーがスラムで働き始めた後、最初に来た十人はどういう女性でしたか。

第二話　聖マザーテレサ（貧しい人はすばらしい）

まとめ　2

1、「この最も小さい者の一人にしたのはわたしにしてくれたことなのである。」（マタイ福音書25章40節）の「最も小さい者」とは、どんな人たちですか。聖書から抜き出しなさい。また、「わたし」とは、誰のことですか。

2、七十一歳で来日されたマザーは熱烈な歓迎を受けました。そして〝神の贈り物である（ア）〟について話しました。「私たちが（イ）を守り育てることが、世界の（ウ）につながります。（エ）が自分の子を殺せるなら、どうやって（オ）が殺しあうのを防ぐことができるでしょう」。

3、マザーテレサは、日本においては「最も小さい者」を誰だと考えていましたか。

4、あなたが日常生活の中で出会う「最も小さい者」とは誰ですか。

5、マザーテレサは、日本に修道会を創設した時、「一人暮らしの老人訪問」のほかに、どんな活動を始めましたか。一つだけ書きなさい。

6、マザーテレサが日本に来て、最も願ったことは何でしたか。

7、マザーの講演会を聞いた女性たちが「生命尊重センター」を作りました。たくさんの活動がありますが、出産費を支援するために、どんな基金をはじめましたか。

（名前）

（どんな基金か）

8、現在（二〇一九年）、この基金でおよそ何人くらいの赤ちゃんが命を救われましたか。

①、二百人以上　②、三百五十人以上　③、五百人以上

9、マザーが受賞した世界的な賞は何ですか。また、パーティーはどうしましたか。

第三話　聖ベルナデッタとルルドの泉

まとめ

問一　次の1～10に入る言葉を入れなさい。

十九世紀の聖人の話である。彼女はフランスのある町で天から来られた美しい女性に出会った。少女の名前は（1）。少女は（2）学で、（3）弱で貧しく、（4）跡の家に住んでいた。しかし、彼女の家族は信仰深く、温かい愛情に満ちていた。そして「貧しいことは恥ずかしいことではありません。不（5）な方が恥ずべきことですよ」と母に教えられていた。「神さまは何でもご覧になっているからね」と。

ある寒い日、少女は薪を拾うために外へ出た。一八五八年二月十一日だった。このとき、少女は洞窟で初めて美しい女性を見た。そして一緒に（6）の祈りをした。その後、数回この女性の出現を受けるが、女性は次のことを伝えた。一、罪びとの（7）のために祈ること、二、（8）を建てること、三、聖母行列を望むということだった。現在、この町は有名な巡礼地になっている。少女が美しい女性の指示を受けて指で地面を掘ってできた（9）は、今も湧き続け、多くの病気を（10）している。

問二　次の質問に答えなさい。

1、この少女は十四歳の時、誰の出現を受けたのですか。
2、彼女は偽りを行っていると疑われ、警察の尋問をうけた時、どんな態度でしたか。
3、少女の言葉を信じるきっかけとなった三月二十五日は何の記念日ですか。
4、「インマクラタ・コンセプシウ」は「＊なく宿った者」です。＊に漢字を入れなさい。
5、「インマクラタ・コンセプシウ」という言葉を聞いた司祭が驚いた理由をあげなさい。
6、5の後、どのようなことが始まりましたか。
7、この出来事が認められた後、彼女は修道院に入りました。そこで与えられた仕事は、何でしたか。

8、列聖調査のため、シスターの墓が開かれたとき、どのような奇跡が起きていましたか。また、このことは、私たちに何を伝えていると考えられますか。

第四話　リジューの聖テレーズ（バラの雨）

まとめ

1、テレーズは幼い頃に母を亡くしました。その後はどんな性質の子どもになりましたか。
2、母代わりの姉がテレーズの元を離れたのはどうしてでしたか。
3、2によってテレーズはどうなりましたか。
4、テレーズは十四歳の時に新聞で知った人のためにお祈りしました。どのような祈りでしたか。
5、カルメル会という修道会の中でごく短い間に聖人になったのは、テレーズがどういう心で毎日どのようなことを大切にしたからですか。

第五話・第六話　聖マキシミリアノ・マリア・コルベ神父

まとめ

1、次の文の（ア）～（オ）にふさわしい言葉をいれなさい。
コルベ神父さまが長崎に最初に住んだのは、（ア）天主堂のそばだった。来日してから一ヶ月後に「（イ）」という小雑誌を発行して日本人にイエス・キリストのご生涯や聖母について伝えた。少年の頃は活発でいたずら好きだった。神父さまは、母親に強く叱られた日、「マリアさま、僕は将来どんな子になるのでしょう」と祈った。聖母は赤と白の冠を持ってお現れになった。「赤」は迫害されても屈せずに信仰に命をかける（ウ）を意味し、「白」は神を優先的に愛するために独身を選ぶ（エ）を現す。
2、赤と白の冠は、コルベ神父さまの人生でどのように実現しましたか。
3、コルベ神父さまの口ぐせは何でしたか。（オ）に言葉を入れなさい。
「無（オ）の聖母がお望みになるならそうなるでしょう。」
4、コルベ神父様の人生をヨハネ福音十五章の言葉からぬき出しなさい。

第七話　永井隆博士

まとめ

次の（1）～（8）に入る言葉を入れなさい。

永井博士は（1）の予防や治療のために（2）検診を行った。戦時下で物資がなく、ついにフィルムが手に入らない日が来た。フィルムがないままで撮影をしたため、毎日大量の（3）を浴びた。昭和二十年六月には（4）だと診断される。しかし、妻は「生きるも死ぬも（5）のためにね」と言った。八月（6）日、長崎に原爆が投下された。博士も重症を負いながら看護にあたった。三日後に自宅に帰ると家は跡形もなく、台所のあたりで妻の遺骨を発見した。腰の骨の一部に（7）が巻き付いていた。その後、博士は次第に寝たきりになっていく。彼は平和を願い「如己堂（8：読み方）」の病床で名作を残した。

1、永井氏は危篤時に、どのようなことから奇跡的に回復しましたか。

2、永井博士は、彼の書いた本について中傷する人たちに対してどんな反論をしましたか。

3、博士は著作以外にもどのようなことで人々の心の傷を癒そうとしましたか。

第八話　アリの街のマリア、尊者・北原怜子

まとめ

1、ゼノさんが二度目に怜子に会いに来た時、何を手伝ってほしいと頼みましたか。
2、アリの街の「教会」は当初は何のために建てられたのですか。
3、怜子と子どもたちは箱根の旅費をどのようにして作りましたか。
4、怜子は自分の命と引きかえに神に何を願いましたか。そしてどのような結果になりましたか。
5、怜子の生涯は、福音書の何という言葉を実行したといえますか。思いつくみ言葉をいくつか挙げなさい。

第九話　聖マルガリータ・マリア・アラコック

まとめ

1、聖心を現されたイエスは、どのような心を示されましたか。
2、ヤンセニズムは、人々にどのような神さまをイメージさせましたか。
3、使徒ヨハネは、最後の晩餐でイエスにどのような仕草をし、何を聞きましたか。
4、「わたしは死ぬばかりに悲しい。ここを離れず、私と共に目を覚ましていなさい。」
という言葉はイエスがどのような状況にあったときのことですか。
5、聖マルガリータは若いときに①病気になったり、②親せきから苦しめられましたが、
どのように受け止めていましたか。
①と②に分けて答えなさい。

第十話　聖ヨハネ・マリア・ヴィアンネ

まとめ

1、ヴィアンネは神学生のときに大変勉強に苦労しました。彼はこの苦しみによって、どんな心をもつ人になりましたか。短く答えなさい。
2、悪魔は、ヴィアンネにどのような妨害をしましたか。一つ書きなさい。
3、あなたはヴィアンネの生涯の中で、どのようなエピソードに心が動かされましたか。

第十一話・第十二話　アシジの聖フランシスコ（1）（2）

まとめ

1、フランシスコは、神さまに心を奪われる前はどんな青年でしたか。いくつか特徴をあげなさい。
2、フランシスコの回心は、努力によって得たものですか。
3、神さまは、フランシスコに「わたしの家を建てなおしなさい」とおっしゃいましたが、本当は、建物のことではありませんでした。何でしたか。
4、フランシスコはなぜ貧しくとも大きな喜びを感じたのですか。
5、フランシスコは、動物や鳥たちにどんなことをしましたか。

第十三話　福者・ユスト高山右近

まとめ

1、高山右近は、武士としてどのような才能に恵まれた人でしたか。いくつかあげなさい。
2、右近は二十五歳の時に起きた試練をどのように解決しましたか。
3、キリスト教がまだ迫害されていない頃、右近と父親は、貧しい人にどのような奉仕をしましたか。
4、右近は、キリストへの信仰を捨てなかったために迫害され、どのようなものを失いましたか。しかし、満足していましたか。
5、右近の最後はどのようなものでしたか。

（主な参考文献）　＊印は中学生が読める本

『いのちの福音』教皇ヨハネ・パウロⅡ世回勅（カトリック中央協議会）
『人間のいのちの尊厳』山内清海著（サンパウロ）
『いのちの福音と教育』松本信愛著（サンパウロ）
『人間の尊厳と生命倫理・生命法』ホセ・ヨンパルト、秋葉悦子共著（成文堂）
『「人」の始まりをめぐる真理の考察』秋葉悦子著（毎日アースデイ発行）
『着床前の段階のヒト胚』教皇庁生命アカデミー（カトリック中央協議会）
『生命のはじまりに関する教書』教皇庁教理省（カトリック中央協議会）
＊『ずっとやくそく』黒柳徹子・鎌田實著（新潮文庫）
＊『お母さん、ボクを殺さないで』菊田昇著（暁書房）
＊『翔子』金澤泰子著（角川マガジンズ）
＊『心は天につながっている』金澤翔子書・金澤泰子　文（ＰＨＰ研究所）
＊『マザー・テレサとその世界』千葉茂樹編著（女子パウロ会）
＊『マザー・テレサ　こんにちは』千葉茂樹著（女子パウロ会）

〈付録〉

＊『マザー・テレサ訪日講演集』（女子パウロ会編）
＊『マザー・テレサ　キリストの渇きを癒すために』やなぎやけいこ著（ドン・ボスコ社）
『ベルナデッタとロザリオ』アンドレ・ラヴィエ著（ドン・ボスコ社）
『カトリック教会のカテキズム』（カトリック中央協議会）
『奇跡認定医が語るルルドの癒しと奇跡』パトリック・テリエ著（サンパウロ出版社）
『弱さと神の慈しみ　テレーズと共に生きる』伊従信子訳・編（サンパウロ）
『リジューのテレーズ』ホアン・カトレット著・高橋敦子訳（新世社）
『テレーズ　その生涯における苦しみと祈り』フランシス・ホーガン著（女子パウロ会）
『わがテレーズ　愛の成長』幼きイエズスのマリー・エゥジェンヌ著（中央出版社）
『死と闇を越えて』ギイ・ゴシェ著・福岡カルメル会訳（聖母文庫）
『テレーズ（空の手で）』C・D・メーステル著・福岡カルメル会訳（聖母文庫）
『テレーズのことば』ヴァノン・ジョンソン著・田代安子訳（ドン・ボスコ社）
＊『愛の証し人　コルベ神父物語』やなぎやけいこ著（ドン・ボスコ社）
『アウシュビッツの聖者コルベ神父』マリア・ヴィノフスカ著（聖母文庫）
『奇蹟』曾野綾子著（文春文庫）
＊『コルベ神父さまの思い出』セルギウス・ペシェク著（聖母文庫）

＊『母への手紙　アウシュビッツの聖者コルベ神父』（聖母の騎士社）
『聖者マキシミリアノ・コルベ』アントニオ・リッチャルディ著（聖母文庫）
＊『いとし子よ』永井隆著（サンパウロ）
＊『永井隆　原爆の荒野から世界に平和を』片山はるひ著（日本キリスト教出版局）
＊『蟻の街の子供たち』北原怜子著（聖母文庫）
＊『アリの街のマリア　愛の使徒　北原怜子』やなぎやけいこ著（ドン・ボスコ社）
『シリーズ福祉に生きる22　北原怜子』戸川志津子著（大空社）
『マリア怜子を偲びて』北原金司著（八重岳書房）
『み心の信心のすすめ』ベルナール・デクルー、クリスチャン・ゴー共著（ドン・ボスコ社）
『聖マルガリタ・マリア自叙伝』鳥舞峻訳（聖母文庫）
『ミサの前に読む聖人伝』C・バリョヌェボ著（サンパウロ）
『聖ヨハネ・マリア・ヴィアンネ　その生涯と祈り』（いつくしみセンター）
『アシジの聖フランシスコの小さき花』石井健吾訳（聖母文庫）
『アシジの聖フランシスコ』J・J・ヨルゲンセン著（平凡社）
『高山右近の生涯』ヨハネス・ラウレス著（聖母文庫）
『おとめマリアのロザリオ』教皇聖ヨハネ・パウロⅡ世書簡（カトリック中央協議会）

〈付録〉

『ザビエルからはじまった日本の教会の歴史』結城了悟著（女子パウロ会）
『マリア論入門』Ａ・エバンへリスタ著（サンパウロ出版）
『マリア神学』Ａ・エバンへリスタ著（上智大学神学部発行）
『聖マリアの福音』ピーター・ミルワード著（中央出版社）
『主日の聖書解説〈Ｂ年〉』雨宮慧著（教友社）
「パッションガイドブック　１００のＱ＆Ａ」（ドン・ボスコ社）
『聖書は永遠のいのちの言葉』レヌ・リタ・シルヴァノ、フイオ・マスカレナス共著
（ＨＩＳＲＯ発行）
『解説「ヨハネ福音書・ヨハネの手紙」』レイモンド・Ｅ・ブラウン著（教友社）

＊

『あん』ドリアン助川著（ポプラ社）
『ゆりかごにそっと「こうのとりのゆりかご」に託された母と子の命』蓮田太二著（方丈社）

あとがき

この本を一冊にまとめることが出来たことに喜びと大きな感謝を感じています。

中高生に宗教（キリスト教）の授業をする機会に恵まれて二十年になりますが、楽しく幸せな時間を過ごしてまいりました。わたしが授業で使った原稿を一冊にまとめることは長年の夢でした。それは、教材研究に実に多くの時間を費やしたためでした。「宗教の教科書があれば！」という願いがいつも頭から離れませんでした。宗教の教員になった友人たちや、これからなろうとしている教え子からもその声はありました。

わたしの本が理想的なはずはありませんが、授業で生徒の反応を見つつ書き直してきたのが「よさ」ではないかと思っています。使っていただけるとわかりますが、これは三年分～四年分の授業量に相当します。例えば、中二で三章の新約聖書を一年かけて学び、中三は二章の聖人（二年分ある）のいくつかを選んで彼らに関連する福音書とともに理解させる。高校生は、三章の旧約聖書の部分を学んだあとで一章のいのちについて授業をするという風にお使いになれます。旧約聖書はこの本では少ししか扱っていませんから他のテキストも平行してお使いください。また、「許しの秘跡」、「無原罪」、「過越」、「永遠のいのち」など大切な内容はくり返し出てきます。この本を宗教の教科書として役立てていただけるならこれ以上の喜びはありません。もちろん普通の読みものとして使っていただいても光栄です。

出版に際しては面白いドラマがありました。きっかけは尊者・北原怜子さんでした。詳細は省きますが、いろいろな人を通してドアが開き、ついに聖母の騎士社の編集長、山口雅稔神父さまにたどりついたのです。神父さまは完成原稿になっていない段階で見てくださり「いい内容ですね」と励ましてくださいました。本当に感謝します。そして、大変なご苦労をおかけした編集者の小野幸子さん、忍耐強くおつきあいくださりありがとうございました。また、神学の教授として多くのことを教えてくださったイエズス会とご受難会、教区の神父さま方、「福音のヒント」を毎週発信し、わかりやすい表現で黙想を助けてくださった幸田司教様に深い感謝をお捧げいたします。表紙に一七世紀に描かれた素晴らしい「雪の聖母」の絵を使用させてくださった「日本二十六聖人記念館」館長のビタリ神父様、寛大なお気持ちに感謝いたします。最後に本のために何年もお祈りを捧げてくださった友人、知人、協力者に神さまが豊かに報いてくださいますように。

尚、二〇〇〇年と二〇一五年に「こじか」（オリエンス宗教研究所）で連載したエッセイ、および二〇一二年五月号の「カトリック生活」の連載記事「愛と性のＱ＆Ａ」（ドンボスコ社）に加筆訂正し、本書に一部使用していることを付け加えます。

崔　友本枝

二〇一九年三月二十五日

著者プロフィール

崔 友本枝（チェー・トモエ）》

札幌生まれ。藤女子大学文学部国文科卒業。大韓民国総領事館勤務を経て、ソウル大学付属在外国民教育院卒。上智大学神学部卒。同大学大学院神学研究科神学専攻博士前期課程修了。中高の宗教の教員をしながらエッセイを発表。著書に、『在日コリアングラフィティー』（文芸書房）、『羊たちの賛歌』（教友社）がある。ラジオ「こころのともしび」では毎月エッセイを発表している。

花冠の聖母 －初めての聖書、聖人、いのち－

崔 友本枝

2019年３月25日　第１刷発行

発 行 者●竹 内 昭 彦

発 行 所●聖母の騎士社

〒850-0012 長崎市本河内2-2-1

TEL 095-824-2080/FAX 095-823-5340

http://www.seibonokishi-sha.or.jp/

校正・組版●聖母の騎士社

印　　刷●株式会社 インテックス

ISBN978-4-88216-376-3 C0016